एक खोज,

स्वयं की भी...

अंकिता शर्मा

टू साइन

प्रकाशक : ट्रू साइन पब्लिशिंग हाउस
पता : SY.N0.21/2 & 21/3, सोननहल्ली,
कृष्णराजपुरा, बेंगलुरु, कर्नाटक - 560049 भारत
ईमेल : truesignbooks@gmail.com
वेबसाइट : www.truesign.in

एक खोज, स्वयं की भी...

लेखिका: अंकिता शर्मा

ISBN: 978-93-5904-156-8

संस्करण: 2023

एक खोज, स्वयं की भी...

Hello dosto...!

तो आप मिलिए मुझसे, I'm अंकिता शर्मा।

तो............हम चलते हैं मेरी दुनिया में, जहाँ मैं Hero हूँ। लड़की हूँ तो क्या हुआ, पर Hero हूँ अपने विचारों की स्वतंत्रता से। आप भी सोच रहे होंगे की कैसी पागल लड़की है यार ये, ऐसा कौन-सा जंग जीत लिया इसने जो अपने आप को इतने विश्वास के साथ Hero बोल रही है। अब मैंने खुद को इतनी बार Hero बोला है, तो पक्का आपका मन उत्सुकता से भर गया होगा कि क्यूँ ये लड़की खुद को इतने अच्छे से Hero बोल रही है।

तो हम...............पहले समझते हैं कि मैंने खुद को Hero ही क्यूँ कहा ? क्यूँ कुछ और नहीं कहा ? तो बस इसलिए........क्यूँकि Hero हमेशा जीतते हुए दिखाया गया है, उसकी

खुद की Story में। और Twist की बात तो ये है कि सबसे ज्यादा Problems भी Hero को ही होती है, पर फिर भी वही जीतता है। तो बस...........मेरी Life में मेरे पास भी बहुत Problems थे, परन्तु जब भी मैं Problems को Face करके उससे बाहर आ जाती हूँ। तो..... मैं और भी ज्यादा निखर चुकी होती हूँ, और भी ज्यादा समझ आ जाती है मुझमें।

ऐसा मेरे साथ इसलिए होता है क्यूँकि मेरा मानना है कि "जिंदगी है तो problems भी होंगी ही, अब ये हमारे हाथ में है कि हम problems के आगे झुकना स्वीकार करते हैं या problems को challenge समझकर उसे झुकाने का जुनून रखते हैं"। मैंने हमेशा अपनी problems को challenge के रूप में देखा है। तो........अब मैं problems से नहीं डरती। लगता है मैंने आपको ज्यादा ही bore कर दिया, पर कोई ना, आखिरकार अब मैं अपनी problems के बारे में बताने जा रही हूँ with solution।

इसमें interesting पता है क्या है?...........ये solution, जो मेरे खुद के हैं। मतलब मैंने अपनी problems के solution के लिए google थोड़ी किया, खुद ढूंढा अपनी समस्या का समाधान। क्योंकि मुझे पता था कि मेरी problem है तो इसे कोई और तो solve कर नहीं सकता, बस वो advice ही दे सकते हैं, परन्तु solve तो मुझे ही करना था ना। तो बस.....मैंने meditation

किया। yes, मैंने meditation यानि कि ध्यान किया है। इससे मेरी problems solve हो गईं या यूँ कहें कि मैं खुद solve हो गई। मुझे बहुत ख़ुशी हो रही है ऐसा बोलकर की मैं खुद ही solve हो गई।Wow!............

हाँ तो अब बात करते हैं, what is meditation?, तो चलिए जानते हैं कि ध्यान है क्या? ध्यान......स्वयं की खोज है, ईश्वर की खोज है। और हम जब इस सफ़र पर निकलते हैं तो बहुत ही रहस्यमयी तरीके से, परन्तु अद्भुत तरीके से हमें स्वयं का, ईश्वर का आभास होता है। ऐसा मैं इसलिए कह पा रही हूँ क्योंकि मैंने भी स्वयं को पाया है ध्यान करके। मुझे ऐसा लगता है की आप सब के मन में एक सवाल उठ रहा होगा कि इस लड़की को ध्यान करने की आवश्यकता क्यों पड़ी। क्योंकि ध्यान एक कठिन साधना है और ध्यान सबके बस की बात भी नहीं। आप सब सोच रहे होंगे की जब problems हैं तो solution ढूँढना चाहिए ना, खुद की खोज क्यों? तो सुनिए, क्योंकि जब हम खुद को बेहतर समझ पायेंगे, तभी तो हम अपनी problems को समझ पाएंगे और उसका समाधान कर पाएंगे। और मुझे लगता है हर इन्सान को पता होना चाहिए कि वो है कौन?

जब लोग अपनी पहचान किसी दूसरे को बताते हैं तो 65% लोग अपने परिवार से अपनी पहचान जोड़ते हैं, कहते हैं मैं उसकी/उसका, बेटी/बेटा हूँ। और कुछ बचे 33% लोग जो

कहते हैं कि मैं 'मैं हूँ' मेरी पहचान मेरे काम से है, मेरे attitude से है, मुझे लोग मेरे रुतबे से पहचानते हैं। ये सब तो ठीक है पर फिर भी क्या ये सब सचमुच में सही है।गजब का हुडदंग मच रहा होगा ना ऐसा सवाल सुनकर आप सब के मन में। आप सोच रहे होंगे की भला और कैसे कोई अपनी पहचान दे सकता है?

पर रुकिए जरा सब्र कीजिए.........। अभी तो मैंने बचे 2% वाले लोगों के परिचय बताने का तरीका तो बताया ही नहीं, कि वे कैसे स्वयं का परिचय देते हैं इस दुनिया को। तो........ मुझे लगता है कि जिसने ध्यान किया है या जिसने स्वयं को वास्तव में जान लिया है उनका, मैं/आप कौन हैं? पर दिया जाने वाला उत्तर दुनिया की रीत को तोड़ता है। बस........अभी मुझे इतना ही कहना है। चूँकि उस 2% वाले लोग में मैं भी शामिल हूँ इसलिए मैं इसका उत्तर आपको सबसे आखिर में दूंगी। अभी आप सब मेरी परेशानियों की ओर रुख कर लीजिए। तो........आपको उस 2% वाले लोगों के पहचान बताने का तरीका खूब भायेगा।

आप भी सोच रहे होंगे कि कितना भाव खाती है यार, अपनी परेशानियों को बताना भी चाहती है और बातों को घुमाती भी बहुत है। मुझे ना.....अपनी बातें जलेबियों जैसे घुमा-फिरा कर परन्तु एकदम कुर-कुरी मिठास भरी बातें बताने में बड़ा मजा आता है। Wow!

तो सुनिए!........मेरी बहन ने मुझसे कहा की दीदी आप अपनी परेशानियों को कुछ ज्यादा ही भाव दे रहे हो..वो इतनी भी बड़ी नहीं हैं। पररर......मैं ठहरी जिद्दी, तो मैंने भी कह दिया कि नहीं मेरी पेशानियाँ मेरे लिए तो भई; बड़ी हैं। आप पूंछेंगे, भई वो कैसे?.....मैं बहुत भाव खा रही हूँ ना अपनी परेशानियाँ बताने में। sorry, sorry तो अब मैं आपके सामने अपनी परेशानियाँ रख ही देती हूँ। तो आप सब ध्यान से सुनिएगा ok...........।

मेरी परेशानियाँ इसलिए बड़ी हैं क्योंकि मुझे लगता है मैं Emotional हूँ और इसलिए मेरी सारी परेशानियाँ मेरे Emotions के इर्द-गिर्द चक्कर लगाती हैं। मेरी परेशानियाँ ये हैं कि मुझे लोग उतनी गहराई से नहीं समझ पाते जितना कि मैं हूँ। मुझे genuine और selfless spirit वाली बातें करना पसंद है। पर लोग हैं कि समझते ही नहीं, उन्हें बस हर बात के पीछे logic ढूँढना रहता है। अरे भाई हर बात के पीछे कोई logic हो, जरूरी थोड़ी है। लोगों को लगता है, बातें ना हुई math or science हो गया। बताइए बातें जज्बाती नहीं हो सकती क्या, logical ही हों जरुरी थोड़ी है। .....But कोई नी।

जज्बाती बातें सबको समझ आयें, जरुरी थोड़ी है। ऐसी बातें समझने के लिए दिल में जज्बात होना जरुरी है। इसलिए तो मैंने Instagram से एक बात सीखी है, वो ये है कि "Understanding is an art and not everyone is an artist". ये बातें मुझे खुद को Artist बनाने का हौसला देती हैं। इन्ही सब कारणों से मैंने अपनी बचकानी हरकतों को, नादानियों

को, भोलेपन को अपने अंदर ही छुपाकर रख लिया। वो हर किसी में artist ढूँढने लगती थी और फिर hurt हो जाती थी क्योंकि हर कोई artist नहीं होता ना।

तो फिर मैंने खुद को hurt होने से बचाने के लिए defence machenism, use किया और फिर, देखिये क्या हुआ। तो हुआ कुछ ऐसा था कि "हम हमीं से हमरी बतियाँ, करके चुप हो जाते हैं। खुद ही हँसते, खुद ही रोते, खुद ही खुद को मनाते हैं"। वैसे तो ये Arjeet Singh के गाने के बोल हैं पर defence machenism के लिए बड़ी कारगर चीज़ है। कितना मस्त है ना ऐसा सोचकर, खुद को खुश रखना, नहीं? वैसे भी अगर हमारी बात कोई और नहीं समझा, तो खुद तो समझ ही सकते हैं। तो फिर मैंने ये आश ही छोंड दी की कोई मेरी बातों को समझे। मैं खुद समझ लेती हूँ, इतना काफी है मेरे लिए।

बस यही एक तरीका मुझे नजर आया खुद को hurt होने से बचाने का। इसलिए मैंने खुद की ही बातों को समझने के लिए अपने अंदर ही समझदारी तलाशी और फिर मैं बड़ी हो गयी। क्योंकि समझदार तो बड़े लोग होते हैं ना, बच्चे तो नादान और भोले होते हैं। पर फिर भी मुझे मेरे अंदर का बच्चा ही पसंद है, क्योंकि उसे बस खुश रहना पसंद है। सबको खुश देखना पसंद है। वो बस अच्छा-अच्छा देखता है। पर ऐसे तो काम चलता नहीं, क्योंकि सब अच्छे नहीं होते ना।

वैसे तो हर इन्सान को समय ही बड़ा कर सकता है लेकिन केवल बाहर से, मतलब उसके कद-काठी से। परन्तु हमारी जो परिस्थितियां होती हैं ना, वो हमें समय से पहले ही बड़ा बना देती हैं। हमारे गुण से, विचार से, व्यवहार से, कौशल से, इरादों से, ऐसे ही और भी बातों से हमें बड़ा बनने पर मजबूर कर देती हैं। नहीं तो कौन इतना समझदार बनना चाहेगा कि उसे

हर problem समझ में आने लगे और problems समझ में आएगी तो headache भी होगा ही। समझदार बनना स्वीकार किया। लेकिन मैंने अपने अंदर के बचपने को नहीं छोड़ा।

वो बच्चा और भी ज्यादा विस्तृत हो रहा है, ढेर सारी शरारतों के साथ। क्योंकि कहते हैं ना, "जिसकी मस्ती जिन्दा है, उसकी हस्ती जिन्दा है"। इसलिए वो बच्चा मस्त रहता है। परन्तु ये बच्चा frustrated है अपने बड़ों के व्यवहार से, इसलिए ये सबको नहीं दिखता केवल गिने-चुने लोग ही इसे देख पाते हैं। मैंने अपनी जिंदगी से सीखा है कि कोई कितना ही अपना क्यों ना हो मगर फिर भी सबसे ज्यादा हम खुद के ही सबसे सगे होते हैं, फिर बाद में बांकि दुनिया आती है। इसलिए मैंने ये विचार खुद में विकसित किया है कि "Train your mind to think positive in every situation". अब आप सोचेंगे कि कैसे कोई हर परिस्थिति में सकारात्मक सोच सकता है।

मैं आप सब को एक Example देना चाहूंगी। इसके लिए मैं आपको महाभारत के एक छोटे परन्तु महत्वपूर्ण पात्र की ओर ले जाना चाहूंगी। आप सब ने 'एकलव्य' के बारे में तो जरुर सुना होगा। परन्तु मैं कुछ अलग, interesting और एक अद्भुत सच बताने जा रही हूँ जो मुझे 'एकलव्य' बनने के लिए मजबूर करता है। तो आप सब बड़ी उत्सुकता से सोच रहे होंगे की ऐसा क्या है भई.......।

सोचिए, सोचिए...........तो चलिए जानते हैं। हुआ यूँ था कि, एकलव्य ने धनुर्विद्या तो स्वयं ही सीखी थी परन्तु अपने मन में पांडवों के गुरु द्रोणाचार्य को गुरु मानकर। वो भी बहुत अच्छे से। परन्तु द्रोणाचार्य ने अर्जुन को वचन दिया था कि वे अर्जुन को ही संसार का सबसे बड़ा धनुर्धर बनायेंगे। जब द्रोणाचार्य को ये बात पता चली कि अर्जुन से भी बेहतर किसी को वाण चलाना आता है, वो भी उसे जिसने द्रोणाचार्य को ही अपना गुरु माना है। तो द्रोणाचार्य ने एकलव्य के पास पहुँचकर अपनी गुरु दक्षिणा मांगी और उन्होंने क्या माँगा पता है "एकलव्य के दायें हाँथ का अंगूठा"। चूँकि एकलव्य एक बहुत ही सच्चा गुरु भक्त था इसलिए उसे गुरु आज्ञा को पूरा करने में एक क्षण भी न लगा। उसने बिना कोई सवाल किए क्षण भर में अंगूठा काटकर गुरु दक्षिणा स्वरुप आचार्य द्रोणा के चरणों में अर्पित कर दिये।

यहाँ तक तो हमसब को पहले से पता था परन्तु क्या 'एकलव्य' की कहानी बस यहीं तक थी? वो कहते हैं ना कि "अंत ही प्रारंभ है"। तो चलिए....जानते हैं आगे क्या हुआ। आप सबको लग रहा होगा कि एकलव्य का अंगूठा कट जाने पर उसने फिर कभी वाण नहीं चलाया होगा। परन्तु ऐसा बिल्कुल नहीं है, मेरे मास्टर जी ने बताया कि आज जो सौतार/आदिवासी हैं, वो वाण अपनी चारों उँगलियों से फंसाकर चलाते हैं। जोकि एकलव्य की ही दी गयी विद्या है उन सब के पास।

मेरे गुरु जी बताते हैं कि एकलव्य का अंगूठा कट जाने पर भी वो रुका नहीं, उसने ध्यान से सोचा कि क्या मैं अब सुचमुच में वाण नहीं चला पाऊंगा। उसके अंदर विश्वास था कि मैं अभी भी वाण चला सकता हूँ और फिर क्या था उसके अडिग दृढनिश्चय और अटूट विश्वास के सामने उसकी परिस्थितियों ने दम तोड़ दिया। उसका विश्वास जीत गया और न सिर्फ जीता, बल्कि वह निरंतर अभ्यास करके पहले से भी बेहतरीन धनुर्धारी बना। क्योंकि उस बार वह अंगूठे और तर्जनी उँगली की मदद से एक वाण चला सकता था, परन्तु इस बार वो अपनी चारों उँगलियों का प्रयोग कर तीन-तीन वाण एक साथ चला सकता था।

इसलिए कहते हैं चाहे जो भी हो खुद पर से विश्वास नहीं खोना चाहिए। वो कहते हैं ना, "मन के हरे हार है और मन के जीते जीत"। Actually द्रोणाचार्य ने भी एकलव्य का अंगूठा इसलिए माँगा, क्योंकि उन्हें अर्जुन को दिया हुआ वचन पूरा करना था। इसलिए द्रोणाचार्य स्वार्थी बनकर एकलव्य की निष्ठा को नहीं देख पाए। चूँकि द्रोणाचार्य बहुत अच्छे से जानते थे कि एकलव्य का दांये हाथ का अंगूठा मांग लेने पर वह फिर कभी वाण नहीं चला पायेगा। और ऐसा होने पर अर्जुन सर्वश्रेष्ठ धनुर्धर बन जायेगा। तो बस इसलिए अपने स्वार्थ हित के लिए महान गुरु कहलाने वाले द्रोणाचार्य ने शिष्य भक्ति को नहीं समझा। परन्तु परमपिता सब समझता है वो सबका हिसाब रखता है। तो देखते हैं आगे क्या हुआ एकलव्य के साथ .....

आपको पता है एकलव्य स्वयं गुरु है हमारे लिए....। वो चाहता तो निराश बैठ सकता था यह सोचकर कि वह अब फिर वाण नहीं चला सकता। परन्तु एकलव्य अपने अंतर्मन से अपराजेय था इसलिए उसकी जीत तो पक्की थी। आपको पता है..... मैंने एकलव्य की इस रोमांचक कहानी से सीखा है कि हमारे अंदर ही वो गुरु है जो हमें सब कुछ सिखा सकता है, बस मन में दृढ़ता होनी चाहिए। और हमारा मन ही वो शिष्य है जो सबकुछ सीख सकता है।

यदि हम ध्यान से सोचें तो पहले हमारे मन में ये सवाल आएगा कि क्या सचमुच में ऐसा संभव है? परन्तु आप खुद सोचिये कि सबसे पहला गुरु कौन होगा इस संसार में, जो भी होगा तो फिर उसका गुरु कौन होगा?, interesting सवाल है ना?......अगर आप सब ने ध्यान से सोचा होगा तो देखा होगा कि, प्रथम गुरु वह खुद होगा जो भी सबसे पहला गुरु होगा। तो हमें भी सोचना चाहिए कि हम क्यों नहीं बन सकते। हम भी खुद को सिखा सकते हैं और खुद से सीख भी सकते हैं। तो बस मैं आपसे ये कहना चाहती हूँ कि आप अपने अंदर झांकिए और फिर पूँछिये खुद से कि आप कौन हैं?

आप सोच रहे होंगे की ये कैसा सवाल है? ये सवाल कोई मूर्खता नहीं है बल्कि जिसने भी इस सवाल का उत्तर ढूंढ लिया है उसे वाकई में पता चल जाता है कि वो कौन है? मैं बात कर रही हूँ आध्यात्मिकता की, अपने True Higher Self को जानने की। मैं बात कर रही हूँ उन 2% लोगों के पहचान बताने के तरीके की। तो चलिए जानते हैं मैं और मेरे साथ रहने वाले 2% लोगों की पहचान क्या है, उनकी राय क्या है खुद के बारे में।

तो......मैं कहूँगी कि वे ईश्वर जिसे मैं हर जगह ढूंढती हूँ वो कहीं और नहीं बल्कि मुझमें ही है। जब मैं अपनी problems से बहुत-बहुत-बहुत हतास तो जाया करती थी तब से ही मैंने ध्यान करना शुरू किया। और बहुत दिनों के बाद मैंने अपने अन्दर एक ऊर्जा महसूस की, जिसे मैं ईश्वर कहती हूँ और स्वम् का आभास समझती हूँ। मैंने अपने ईश्वर को कुछ इस तरह देखा है कि वे हैं तो हर जगह, फिर भी कहीं नहीं। वे दु:ख भी हैं और सुख भी। वे गुरु भी हैं और शिष्य भी। वे ही आत्मा हैं और परमात्मा भी। कुल मिलाकर वे निरंकार हैं। आप उन्हें जिस रूप में ढाल देंगे वे उसी रूप में आपको दिखाई देंगे।

इसलिए खुद को पहचानिए आप ही सबकुछ हैं, आपको अपनी कठिनईयों से हतास होने की जरूरत नहीं है आप समस्या के समाधान पर जब ध्यान लगायेंगे तो कोई समस्या इतनी बड़ी नहीं की उसका समाधान ना हो। आपको अपनी पहचान बतानी ही है तो खुद से ये कहिए कि आप ही सबकुछ हैं, आपसे सब संभव है। परन्तु इसका मतलब ये नहीं कि आप औरों को कम समझें, ये घमंड है। मैं आप सब से अभिमानी बनने को नहीं, बल्कि स्वाभिमानी बनने को कह रही हूँ। खुद को बेशक सबकुछ मानिए, परन्तु दुनिया को कभी कम मत समझिए। सबकी अपनी-अपनी क्षमता होती है।

ईश्वर सबके भीतर वही हैं, बस उस ईश्वर का स्वरुप कैसा होगा ये केवल उस व्यक्ति पर निर्भर होगा, जो खुद की पहचान आध्यात्मिक स्तर पर करेगा। इसलिए सम्मान सब का कीजिये परन्तु हमेशा अपने आप को महत्त्व दीजिये। ये दुनिया उन्हीं के आगे सर झुकाती है जो स्वम् के आगे झुकता है, स्वयं की आराधना करता है। पता है केवल स्वयं को जानना, समझना संकीर्णता है परन्तु सबको जानना, समझना और फिर स्वयं में विस्तार करना, या सबको स्वयं से जोड़ना ही वास्तविक स्वयं का आभास है।

हमारा लक्ष्य होना चाहिए, स्वयं के विकास के साथ-साथ सबका विकास। खुद पर यकीन कीजिये और स्वयं से कहिए, "Dear self always be strong....be positive....।" यूँ ही नहीं मैंने खुद को hero बोला, क्योंकि खुद से हारना मुझे तो नहीं आता। मैंने खुद की problems को enjoy किया है, उनसे कुछ सीखा है। ऐसे करते-करते मैंने अपनी सारी problems को हरा दिया। Hurrah !.......I'm so happy.

मैं आपसब को थोडा और अपना परिचय देना चाहूंगी। काफी interesting है.........ध्यान से सुनियेगा। एक song है unstoppable...जो गाया तो अमेरिकी सिंगर 'SIA' ने है, पर मुझे लगता है ये song मेरे लिए ही गाया गया है। मैं इस song की कुछ lines सुनाती हूँ जिसमे मैं खुद को देखती हूँ। तो ready हैं आप सब..........................तो सुनिए, ... I'm unstoppable.

I'm so powerful.

I'm so confident.

I'm so invincible yeah, I win every single game.

तो मेरा ये message है आप सब के लिए कि आप सब भी अपने लिए कुछ ऐसी धारणा बनाइए। और फिर देखिए खुद पर यकीन करने से दुनिया कैसे आप पर यकीन करती है। तो चलिए चलते हैं सबसे बेहतरीन सफर पर, 'मैं' के सफ़र पर।

जब आप इस बेहतरीन सफ़र पर निकलोगे तो आपको धीरे-धीरे अहसास होगा कि आप वो नहीं हो जो पहले हुआ करते थे। अब आप खुद को दूसरों के सामने prove नहीं करोगे, बल्कि अब आप खुद के लिए जीना शुरू कर दोगे। और ऐसा तो मनोविज्ञान भी कहता है कि, जो व्यक्ति खुद से प्यार करता है वो आकर्षक और आत्मविश्वासी होता है। आपको पता है मैं पहले हमेशा खुद से पहले लोगों को रखती थी और अपना ख्याल करना भूल जाती थी। और गजब बात तो ये थी कि लोगों को भी मेरा ख्याल नहीं आया। सिर्फ मेरा, ही उनका ख्याल करना उनकी पसंद था। लेकिन अब ऐसा नहीं है, जब से मैंने स्वयं को पहचाना है, मुझे अब 'मैं' के सिवा कुछ बेहतर ही नहीं लगता है। ऐसा बिल्कुल भी नहीं है कि अब मैं घमंडी हो गयी हूँ। मैं किस बात का घमंड करूँ- इस बात का कि अब मुझे खुद ही ख्याल रखना है या इस बात का कि इस दुनिया में कहने के लिए तो बहुत लोग अपने हैं पर फिर भी अपना कोई नहीं है।

मुझे इस दुनिया ने अपने रवैये से इतना तो सिखा ही दिया है कि, "खुद की भक्ति कीजिए, फिर सारी दुनिया आपकी भक्त होगी"। और देखिए न अब जब मैं खुद को priority देती हूँ, खुद का ख्याल पहले, फिर बाद में सबका ख्याल करती हूँ तो अब दुनिया को मैं valuable लगती हूँ। कितनी अजीब है ना ये दुनिया........।

मैं ये कहना चाहती हूँ कि मेरी "मैं भक्ति" सूरज जैसी है, जो स्वयं भी चमकना जानता है और दूसरों को भी अपने प्रकाश से प्रकाशित करना जनता है। आपको पता है.....अब सब लोग मुझे इसलिए पसंद करने लगे हैं क्यूँकि अब मैं 'मैं' को जीने लगी हूँ। अब मुझे जो पसंद होता है वही करती हूँ। अब advices नहीं लेती बल्कि decisions सुनाती हूँ, क्योंकि अब मुझे पता है 'मैं' सही हूँ। आप ही बताइए मुझे मेरा स्वतंत्र होकर जीना कहाँ तक गलत है। अब इसमें मैं क्या करूँ, लोगों को मरी स्वतंत्रा से ये डर लगता है कि कहीं मैं अपनी सीमायें ना लाँघ दूँ। पर कौन सी सीमायें यार, जो लोगों ने खुद बनाईं हैं अपने cgo के बचाव के लिए। यहाँ मैं आपसे फिर ये बात clear कर देना चाहती हूँ कि मैं भले ही अपने विचारों से आजाद हूँ, मगर अपने संस्कारों से बंधी हुयी हूँ।

वो कहते हैं ना कि, "ज्ञान से शक्ति मिलती है और चरित्र से पहचान"। तो फिर मैं अपनी पहचान कैसे खो सकती हूँ।

मेरे संस्कार मेरी आत्मा से जुड़े हैं जो किसी भी कीमत पर मुझसे अलग नहीं हो सकते। अभी तक मैंने जितनी भी बातें स्वयं के बारे में पूरे गर्व के साथ कही हैं, उन सब से ज्यादा मुझे ये कहने में गर्व महसूस हो रहा है कि मेरे 'संस्कार' बहुत उच्च कोटि हैं। तो इसलिए भी मैं निश्चिंत रहती हूँ, अपने विचारों को लेकर। मेरे विचार चाहे जितने भी खुले हुए हों, परन्तु मेरे संस्कारों के दायरे को नहीं लाँघ पाएंगे। मैं बहुत ही ख़ुशी के साथ ये कहना चाहती हूँ कि, "मैं अपने विचारों से विदेशी, परंतु अपने संस्कारों से भारतीय हूँ।" चूँकि संकीर्ण विचार हमारे विकास की राह के बाधक हैं और इसलिए मैं अपने विकास को अवरुद्ध नहीं करना चाहती।

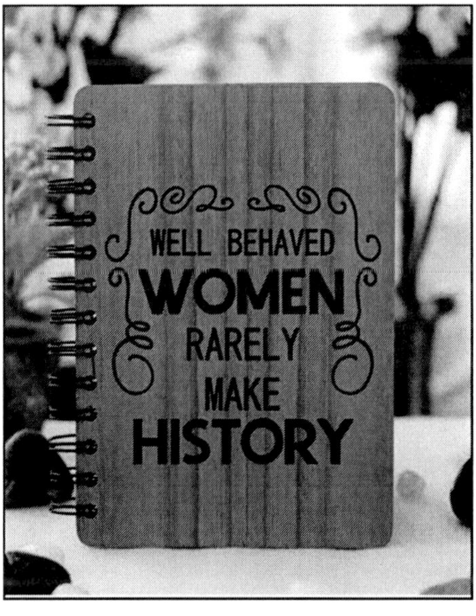

मैंने खुद को विचारों से विदेशी होना इसलिए पसंद किया, क्यूँकि मैंने देखा है विदेशों में लोगों के पास बंदिशें कम होती हैं अपने आप को खुलकर जीने की। वहां लड़कियों को उनके parents ये कहकर नहीं रोकते कि इतना मत हंसों, नहीं तो लोग क्या कहेंगे कि इस लड़की में थोड़ी सी भी लज्जा नहीं हैं।

विदेशों में लड़का हो या लड़की वो parents के लिए सामान होते हैं। शायद इसलिए क्योंकि वहां दोनों अपना-अपना भरण-पोषण स्वतंत्र होकर अपने-अपने job से करते हैं और ऐसा वहां शुरू से ही है। क्योंकि वहां लड़कियों के पैरों में परिवार के स्वाभिमान के रक्षा करने कि बेड़ियाँ नहीं बाँधी जातीं। मैंने देखा है..........वहां लड़कियां भी लड़कों से किसी भी मामले में कम नहीं होतीं, फिर चाहे कोई खेल का क्षेत्र हो या कोई जंग का मैदान।

वहां भारतीय समाज जैसे कुंठित प्रथाएं नहीं हैं जैसे- पर्दा प्रथा, दहेज़ प्रथा, सती प्रथा, बाल विवाह, वेमेल विवाह इत्यादि। ये सब लड़कियों के लिए बेड़ियाँ नहीं हैं तो क्या हैं जबकि विदेशों में ऐसा नहीं है। वहां लड़कियां शुरू से ही independent हैं। चूँकि मैं भारत के एक गाँव से belong करती हूँ, तो मैंने देखा है गाँव के parents की मानसिकता को। वो लड़कियों को इसलिए ही पढ़ाते हैं कि उनकी शादी में दिक्कत न आये। यहाँ पर लड़कियों को शुरू से ही ये बताया जाता है कि वे पराया धन हैं। यहाँ लड़कियों कि शादी नहीं होने तक माता-पिता उसे सहेज कर रखते हैं, परन्तु स्वतंत्रता नहीं देते। ये है हमारा कुंठित भारत। परन्तु एक बात है जो केवल भारत में ही है विदेशों में नहीं; वो है यहाँ के संस्कार, जो विश्व भर में भारत का मान बढ़ाते हैं। भारतीय संस्कार हमें दृढ़ता से जीना सिखाते हैं। इसलिए तो भारतीय संस्कार की पूरी दुनिया दीवानी है और मैं भी। मुझे भले ही मेरे विचारों की आजादी पसंद है परन्तु मुझे मेरे मन को एकदम शक्तिशाली बनाना है, दृढ़ बनाना है। और मुझे पता है ....ऐसा केवल मेरा संस्कार ही कर सकता है। मैं जानती हूँ कि......मेरे विचार मुझे विचलित करेंगे। मेरे विचारों की स्वतंत्रा मेरे लिए बहुत सारे challenges लाएगी परन्तु मेरी दृढ़ता और स्थिरता उन सभी challenges पर विजय हासिल कर लेगी।

भारतीय संस्कार हमें किसी भी परिस्थिति से भागना नहीं सिखाते, चाहे वह परस्थिति कितनी ही विकट क्यों न हो। बस इसलिए मैं हर परिस्थिति में डट कर रहना चाहती हूँ। मुझे पता है किसी भी परेशानी के बारे में बार-बार सोचकर उसका निदान निकाला जा सकता है। परन्तु यदि हम परेशानियों से भागेंगे तो परेशानियाँ कैसे solve होंगी। इन्ही परेशानियों को solve करने के लिए मैं स्थिर और दृढ़ रहना चाहती हूँ। आपको पता है मुझमें गजब का Attitude है, वो ऐसे कि मुझे किसी भी मामले में गलत बोलने वालों को इतना सही बनकर दिखाना चाहती हूँ कि उन्हें सोचना पड़ जाये कि उन्होंने किसे गलत कह दिया। मैं खुद को इतना अच्छा बनाना चाहती हूँ कि उन्हें खुद की ही बातों को सोचकर शर्मिंदगी महसूस हो कि मैंने किसे गलत बोल दिया।

मुझे खुलकर जीना पसंद है चाहे उसके लिए समाज का कोई rules ही क्यों न टूटे। मुझे लगता है कि जिन्हें पहले से बनाए गए rules को follow करने की आदत होती है वो कभी भी नया rule नहीं बना पाते हैं। लोग ये समझते क्यों नहीं कि समय परिवर्तनशील है तो rules कैसे स्थिर हो सकते हैं? इसे भी बदलना होगा, परन्तु rules बदलना इतनी भी आम बात नहीं। इसके लिए बहुत संघर्ष करना पड़ेगा।

अब मुझे मेरे जीवन में, मेरे rules को follow करना है परन्तु इन सबसे पहले मुझे एक बहुत important काम करना है। और उसके लिए मुझे बहुत शक्तिशाली बनना पड़ेगा अपने पैसों से। वो कहते हैं ना कि "Money is the power". ताकि जो भी मैं चाहूँ कर सकूँ। मुझे पैसे केवल इसलिए नहीं चाहिए कि मैं उससे अपना हर सपना पूरा कर सकूँ, बल्कि इसलिए भी चाहिए कि किसी को मुझे सोचने (वासनापूर्ण भाव से) से पहले खुद से खुद की औकात पूंछनी पड़ जाये कि मैं सोच भी सकता हूँ क्या? अब बस इतना शक्तिशाली बनना है क्योंकि ये मेरा सबसे बड़ा डर है कि लोग मुझे कहीं बुरी नजर से ना देखें। यही वो मेरे अंदर का डर है जो मुझे हमेशा खुलकर जीने से रोकता है।

आपको पता है........मुझमें introvert और extrovert दोनों personality मौजूद हैं। psychology कहता है कि introvert personality किसी डर के कारण बनते हैं, चूँकि मैं थोड़ी सी introvert भी हूँ तो मुझे पता है इसका कारण क्या है? अगर आप दिल से सुनना चाहते हैं तो Attention please!

मैं introvert हूँ क्योंकि मुझे डर लगता है इस बात का कि कहीं मेरे किसी व्यवहार से लोग मुझे गलत तो नहीं समझ रहे। क्योंकि मुझे सही बनना है हर किसी कि नजर में, इसलिए मैं नहीं चाहती कि कहीं भी मैं गलत साबित होऊँ। मगर ये भी जानती हूँ कि हर किसी के लिए मुझे सही समझना possible नहीं है इसलिए मैंने इसका दायरा घटाकर सिर्फ अपने family और friends तक ही सीमित कर लिया है।

मैं extrovert भी हूँ, जो अपनी बातों को खुलकर तर्क के साथ रखना जानती है ताकि मेरी बातें valuable लगें। खैर, अब मुझे ये कहना है कि मुझे मेरे introvert personality को जीने में घुटन महसूस होती है इसलिए अब मुझे पूरा extrovert personality में खुद को ढाल लेना है। अब तक मैं बहुत डरी, अब और नहीं डरना है। क्योंकि मुझे अब पता चल गया है कि मैं ही वो शख्स हूँ जो खुद के डर को ख़त्म कर सकती है। चूँकि अब मुझे अपने सारे डर को भुलाकर खुलकर हँसना है, मुस्कुराना है। तो बस फिर.......मुझे मेरी खुशियों के लिए कुछ करना ही पड़ेगा। मुझे लगता है कि मेरा डर थोड़ा जिद्दी है तो इसके लिए मुझे मेरे आत्मविश्वास को मेरे डर से भी बड़ा जिद्दी बनाना पड़ेगा और मैं ऐसा करूंगी भी........।

चूँकि मैंने खुद को खुश होते देखा है, जब मैं खुश हो जाती हूँ तो जहाँ भी होती हूँ हर कोई खुश हो जाता है, कभी मेरी बातों से तो कभी मेरी बचकानी हरकतों से। तो......अब मुझे पता चल गया है कि मेरा खुश होना कितना ज्यादा important है। अब मैं पूरा extrovert बनना चाहती हूँ। "अब मैं, 'मैं' बनना चाहती हूँ"।

मैं चाहती हूँ लोग मेरे दायरे को ना नाप सकें, क्योंकि मैं विस्तृत बनना चाहती हूं। वो कहते हैं न "किसी आदमी को देखो तो 10-20 बार देखो क्योंकि हर आदमी में होते हैं 10-20 आदमी।" चूँकि मैं किसी भी चीज से बहुत जल्दी ही bore हो जाती हूँ इसलिए सबसे पहले खुद को इतना interesting बनाना चाहती हूँ कि कम से कम मैं तो खुद से bore न हूँ। और फिर मेरा attitude भी है की "अंदाज ऐसे रखो की कोई अंदाजा न लगा सके।"

मैं limitless बनना चाहती हूँ, हर तरह की खूबियों से भरपूर बनना चाहती हूँ। कुछ भी हासिल करने के बाद मैं हमेशा उससे आगे की सोचना और करना चाहती हूँ। और आपको पता है -------मुझे ऐसी जिन्दगी जीने में बड़ा मजा आयेगा। मुझे मेरे personality को लेकर लोंगो को confuse होते देखकर तो और भी ज्यादा मजा आयेगा। क्योंकि मैंने देखा है लोंगो को मेरे लिए एकदम विपरीत thoughts रखते। कोई मुझे एकदम rude कहता है तो कोई मुझे एकदम emotional समझता है, और आपको पता है की मुझे ऐसी opposite personality जीने में काफी मजा आता है। कभी-कभी मुझे लगता है... how nice i'm। जैसी भी हूँ मुझे लोंगो को खुश देखकर ही ख़ुशी मिलती है। उन्हें मैं कभी-कभी अपने व्यव्हार से नाराज भी कर देती हूँ क्योंकि मुझे तब लगता है किसी को खुश देखने के लिए बार-बार क्या झुकना। अगर वो भी मुझे खुश देखना चाहेंगे तो मेरी नाराजगी को समझेंगे और खुद से पहले मेरी खुशियों को देखेंगे। मुझे किसी को भी सब कुछ बोल देना अच्छा लगता है जो भी मेरे मन में होता है सब कुछ clear करना अच्छा लगता है, फिर चाहे अच्छा हो या फिर बुरा। पर अक्सर अच्छा-अच्छा ही बोलती हूँ क्योंकि मुझे पता है अगर मैंने उनके मुँह पे बार-बार बुरा बोला तो वे मेरे pure intensions को नहीं समझ पायेंगे।

मेरा intension कभी किसी का नुकसान पहुँचाना नहीं होता बल्कि मैं चाहती हूँ लोग ऐसा सोचे की जो मुझे हमेशा अच्छा-अच्छा बोलती है उसने आज कुछ बुरा भी बोल दिया तो सचमुच में मुझमे कुछ गलत होगा, जिसे मुझे सुधारना चाहिए। इतने innocent होते हैं मेरे intensions, पर लोग समझें तो ना, अगर वो समझ ले तो उनका उद्धार ही समझिये। मैं अब अपनी बातों को किसी के भी सामने खुलकर रखना सीख रही हूँ और मैंने अपना पहला कदम इस किताब के रूप में ले लिया है। अब मैं अपनी आवाज को नहीं थकने दूँगी। अब बस------मुझे bold बनना है।

मुझे लोंगो ने बहुत शांत देखा है पर आपको पता है-----बाहर से शांत दिखने के लिए अन्दर से कितना लड़ना पड़ता है। इस सन्दर्भ में भगवत गीता में श्रीकृष्ण ने कहा है-"अपने दिल की सुनो और निर्णय लो दूसरों की सलाह से भ्रमित मत हो, अपने दिल की आवाज मेरी आवाज है" इसलिए अपने आपको समझने का प्रयास कीजिए सारी दुनिया और आपकी समस्या भले ही बाहर हैं परन्तु आप और आपका समाधान आपके अन्दर छिपा हुआ है "so always trust in yourself" आपको पता है "वो शिकायतें अन्दर से कितना जला देती है जो बयाँ नहीं हो पातीं। जब मैं भी अपनी बातों को बयाँ नहीं कर पाती थी तब मैंने भी खुद को महसूस किया है इस घुटन में। मगर मुझे पता है ऐसी घुटन मुझे महसूस नहीं होती अगर मुझे मेरे अपनों से मेरी बातों को स्वतंत्र होकर बोलने की आजादी मिलती। वो कबीर जी का दोहा है ना "बड़े हुए तो क्या हुए जैसे पेड़ खजूर, पंथी को छाया नहीं फल लागे अति दूर।"

मतलब केवल उम्र या पद में बड़े होने से कोई बड़ा नहीं बनता। मन में सबको समझने की भावना हो और सामने वाले के नजरिये से सोचने की समझ हो तब कोई वास्तव में बड़ा बनता है। but thankful my elders to understand me that who is actually big. चूँकि अब मैं इन सब बातों को बहुत अच्छे से समझने लगी हूँ इसलिए अब लोग मुझे बड़ी होते देख रहे हैं। मैं खुद भी स्वतन्त्र होकर सोचना चाहती हूँ और लोंगो को भी पूरी स्वतंत्रता देती हूँ ताकि वो मुझसे comfortably अपनी बात share कर सकें। और मुझे ऐसा करके बहुत ख़ुशी मिलती है क्योंकि जो मैं तलाशती हूँ की लोंगो को ऐसा होना चाहिए परन्तु मैं खुद लोंगो की तलाश बन जाती हूँ इसलिए मुझे ख़ुशी होती है। इस बात की कि मैं जो बाहर ढूंढती हूँ वो खोज मैं खुद को enhance करके कर पाती हूँ।

मैंने देखा है अपने आस-पास के लोंगो को मुझसे दिल खोल के बाते करते। लोंगो को तो सिर्फ किसी के साथ उसके सुखद पल साथ बाँटने में मजा आता है और फिर दुखद पल की कौन नुमाइस करे अपनी, क्योंकि उस पल में वो हारे हुए होते हैं ना। तो इसलिए जल्दी कोई अपने आंसू नहीं बाँटते। पर I am so lucky की लोग मुझसे अपनी हार भी share करते हैं। क्योंकि लोग believe करते हैं की i am the only one who understand their worst feelings.

I am proud of me...क्योंकि कहते हैं न कि जिन्दगी में अच्छे लोंगो की तलाश मत करो, खुद अच्छे बन जाओ आपसे मिलकर शायद किसी की तलाश पूरी हो जाये। तो अब मैं वो तलाश बन रही हूं जिसे पाकर सब खुश हो जाते हैं और उन्हें सुकून देकर मुझे भी सुकून मिलता है। मैंने जब भी कोई चीज बाहर ढूंढनी चाही और वो उस तरह से नहीं मिली तो फिर मैंने खुद ही उस चीज को अपने अन्दर ही create कर लिया। मैं सोचती हूँ मुझे राहत नहीं मिली किसी से मिलकर तो क्या हुआ मैं खुद ही राहत बन जाती हूं शायद किसी को मुझसे मिलकर राहत मिले। वो क्या है न कि I am tired, i am hurt, but i am still trying my best. मुझे एक शायरी याद आती है कि मेरे किरदार का मोल इतना करदे खुदा, की मैं उदास चेहरों के लिए खुशियाँ खरीद सकूँ।

आपको पता है मेरी सोच मुझे धीरे-धीरे बादशाह बना रही है। वो क्या है ना कि मैं सोचती एकदम awesome हूँ। मुझे लगता है न की मेरी life में मुसीबत भी सुधरने के लिए ही आती है। पहले तो मैं बिखर जाती हूँ पर still i realise की मैं तो हारने के लिए बनी ही नहीं हूँ तो फिर ये रोना-धोना क्यूँ। मुसीबत ये कि कभी लोग मुझे बिल्कुल भी सुन्दर नहीं मानते थे क्योंकि तब मैं 'मैं' नहीं थी ना, पर अब जब मैं उन्ही लोंगो के मुँह से सुनती हूँ कि ...you are so beautiful और ये भी की आप जैसा कोई है ही नहीं। तब जाकर मेरे दिल को सुकून मिलता है।

आपको पता है मुझे ego hurt वाली feeling आती थी जब कोई मुझे मेरी बहनों की सुन्दरता से compare करते थे और actually में वो है भी। पर अब जब मुझे realise हो गया की मैं सब कुछ कर सकती हूँ, जब मुझे खुद पर विश्वास हुआ कि i can do everything, means everything. फिर मैं जब अपने hostel के एक function में एक dance के लिए ready हुई थी। तब सच में Yaar i am looking so gorgeous. उस time मैं बहुत-बहुत खुश थी। मेरा न उस time बार-बार मुझी पे crush आ जा रहा था। गजब है न, और फिर आपको पता है जब मेरी cute सी beautiful बहन ने कहा की पता है दीदी सब बोलते हैं की हम सुन्दर है पर नहीं actual में आप सबसे सुन्दर हो। उस समय मैं कितना खुश हुई थी आप सोच भी नहीं सकते। उस समय मेरे ego को सन्तुष्टी मिली। मेरा confidence बढ़ा, और तो और मुझे believe हो गया की मुझसे सब possible है। इसलिए अब मुझे लगता है की लोग मेरी बुराई करते हैं क्योंकि उन्हें गलत जो साबित होना रहता है। वो क्या है न कि जब मैं अपने पे आती हूँ तो सबको मेरी तारीफ सूझती है और बुराई तो वो खुद की ही करने लगते हैं। अच्छा है न एकदम cute सा innocent सा बदला लेने का तरीका। मुझे तो awesome लगता है ---और आपको पता है मुझे जो चीज पता होती है उस चीज की लोग मुझे सलाह देते है तो मुझे कैसा लगता है?

कैसा लगेगा yarr बहुत बुरा लगता है गुस्सा आता है मुझे लगता है ये ज्ञान दे रहा है या अपनी वाह-वाही कर रहा है तो फिर मेरा cute सा innocent सा बदला लेने वाला mode on हो जाता है फिर सोचती हूँ रुकिए अभी आपको बताते हैं ज्ञान क्या चीज होती है... just wait and watch. ये सब मेरे mind में चलने लगता है मुझे गुस्सा भी आता है और साथ-साथ हँसी भी ये सोचकर की अब तेरा क्या होगा कालिया। और फिर आपको पता है हम क्या करते हैं कुछ ऐसा की उन्हें मेरे पास आना ही पड़ता है सलाह लेने मुझसे या यू कहूँ की ज्ञान लेने मुझसे। और फिर जब वो आते हैं तो कोई awesome सा ज्ञान देकर भेजती हूँ जिससे उन्हें पता चल जाये की real ज्ञान होती क्या चीज है। फिर बेचारे कभी मुझको ज्ञान देने का सपनों में भी नहीं सोचते। आपको पता है मुझे इन उल्टे सीधे काम करके बड़ा मजा आता है। तो ये है मेरा बदला लेने का तरीका एकदम mind-blowing or out-standing सा।

आपको पता है... मुझे लगता है दुनिया में लोग मेरे जैसे क्यों नहीं हैं। बताईये किसी पे हम गुस्सा भी करते हैं तो भी उनका भला ही करने के लिए। मुझे लगता है मैं ना magician हूँ कुछ भी कर सकती हूँ। हाँ पर किसी का बुरा नहीं कर सकती ना, मुझे पाप लगेगा। क्योंकि वो जो ऊपर बैठे हैं वो तो सब देख लेते हैं ना और वैसे भी अच्छे लोंगो के साथ उनका बुरा भी अच्छे के लिए ही होता है ना। इतना तो मुझे पता चल गया खुद को देखकर। जब भी कुछ गलत

होता है मेरे साथ तो साथ-साथ उससे कुछ अच्छा भी होता है। तो सोचिये जब positive mind रखने से problems भी आपको दुलार कर जाती हैं तो फिर हम अपने mind में negativity क्यूँ लायें। तो बस अब chill करके life जीते हैं।

आपको पता है एक रात की बात है उसके बाद से मैं फिर सोती भी हूँ तो मेरी चेतना जागती रहती है। तो हुआ कुछ यू था की जैसे महात्मा बुद्ध को ज्ञान प्राप्त हुआ था न बोधि वृक्ष के नीचे वैसा ही कुछ मेरे साथ भी हुआ था। आप believe नहीं करोगे की मुझे वो unique सा ज्ञान मेरे घर में अचानक से एक रात कुर्सी पर बैठे-बैठे हो गया था। मैं तब कुर्सी पर बैठकर दूध पी रही थी और फिर असमान में देख रही थी फिर अचानक से मेरे आँखों से आंसू बहने लगे और साथ-साथ बहुत ही positive thoughts आने लगे थे मेरे मन में एकदम दुनिया से परे वाली emotional feeling वाले thoughts आने लगे थे। उस दिन जिनके भी बारे में कुछ गलत सोचती थी सब उल्टा-पुल्टा हो गया। फिर सारी दुनिया ही सही लगने लगी। उस रात मैं सो भी नहीं पाई, उस रात के बाद भी 2-3 रात नहीं सो पाई थी। सब कुछ दिमाग में घूम रहा था। और सभी के सभी positive ही thoughts थे। ये सब सोचकर मुझे enlighten वाली feelings आ रही थी। एकदम energetic सा फील हो रहा था। वो रात थी 9 august 2020 जब मैं 18 years की हो रही थी। 18वाँ साल अब तक का सबसे awesome साल रहा है मेरी life का। उस साल मुझे सब ने gifts दिया मेरी family ने friends ने और सबसे important परमात्मा ने, मेरे महादेव ने।

मुझे भगवान ने जन्म से ही बहुत sensitive बनाकर भेजा है धरती पर। हम जब बहुत छोटे थे ना तब मैंने घर में झगडा होने पर दो कमरे के बीच का दरवाजा लगा दिया था ताकि दो लोग एक दूसरे को न देखें और झगडा रुक जाये। और मुझे याद है ...मैं जब कहीं अपनी family के साथ जाती थी और मुझे auto पर उनके गोद में बैठना होता था तब मैं जानबूझ कर बहुत हलके से बैठती थी ताकि उनका पैर ना दुखे। और जब मैं अपनी नानी के साथ सोया करती थी तो उन्हें मुझे कसकर पकड़कर सोने की आदत थी और सर्दियों में नानी मेरा सर कम्बल से ढक देती थीं, ताकि मुझे बिल्कुल भी ठण्ड ना लगे पर मुझे suffocation होता था, तब हम छोटे थे ना इसलिए, परन्तु फिर भी अपना हाथ तक नहीं हिलाते थे क्योंकि नानी जग जाती थी ना इसलिए।

एक बार बचपन में मैंने पापा से कुछ माँगा था, पापा ने कहा की बच्चे समझे तब ना की कितना पैसा लगता है इन सब में। तो फिर मैंने वह भी मांगना छोड़ दिया। और अब मैं किसी से जल्दी कुछ नहीं मांगती हूँ जितना से काम चल जाये बस उतना ही माँगती हूँ। अब मुझे लगता है केवल मैंने ही उन्हें इतना समझा है उन्होंने नहीं। तो अब मैं अपने समझ को इतना बड़ा बनाना चाहती हूँ कि उन्हें समझा पाऊं की हम उन्हें समझते हैं। अगर मेरे अपनों ने मुझे इतना

समझ लिया तो ही अब खुद को समझदार मानूगी। आपको पता है... सबसे पहला thoughts क्या आया था जब मैं कुर्सी पर बैठकर रो रही थी। तब मुझे मेरे पापा का ख्याल आया था। हर बच्चे को अपने parents से कुछ न कुछ शिकायतें रहती हैं, परन्तु मेरी कुछ गहरी शिकायतें हैं उनसे। पर उस समय मेरा मन पूरा का पूरा positive था। थोड़ी भी wrong सोच ही नहीं पा रही थी। तब मैंने अपनी मम्मी से जाके कहा कि पापा गलत नहीं है क्यूंकि वो मुझसे connected हैं और अगर मैंने पापा को गलत कहा तो इसका मतलब मैं खुद को ही indirectly गलत कह रही हूँ और मुझे खुद को गलत बनाना ही नहीं है। तो इसलिए पापा को मैं कैसे गलत बोलूं वो भी सही ही हैं। ये सिर्फ उस समय का मेरा positive spiritual thought है पर अभी इस बात को मैं 1000 तरीके से prove कर सकती हूँ। 1000 reason बता सकती हूँ खुद को और सब को भी की कोई क्यूँ गलत है और कोई क्यूँ सही है।

Now, I have the power to prove everyone where's wrong or where's right. "yes.... I have the power, and this is my real power".

ये सोच, ये शक्ति मुझे राजा बनाती है। और मैंने खुद के इस attitude को prove किया है कई लोंगो की thinking process को negative से positive में convert करके। अब लगता मेरी जीत का दौर आने वाला है। आपको पता है -----मैंने ध्यान 2014 से ही करना start कर दिया था या शायद उससे भी पहले से ही। और interesting बात तो ये है मुझे "ध्यान" करने की प्रेरणा एक serial से मिली। ये Hindu mythology based serial है इसमें भगवान महादेव को और उनके प्रत्येक रूप को दिखाया गया है। इस serial से मैंने जाना की "जब पूरे ब्रम्हांड में कुछ भी नहीं था तो महादेव थे। जो शून्य भी हैं और इकाई भी हैं। वो serial था "देवो के देव महदेव"। उसमें दिखाया गया था कि सभी प्राणी परमात्मा के ही रूप हैं। क्योंकि परमात्मा हर जगह हैं जो नहीं दिखता उसमें भी और जो दिखता है उसमें भी। महादेव अपने भक्तों को ज्ञान देते हुए बोलते हैं कि मुझे जो जैसे देखना चाहता है, मैं वैसा ही बन जाता हूँ। उसमें दिखाया गया है कि महादेव ही भोले भंडारी हैं और महाकाल भी। पर ये तो हुयी Hindu dharma में भगवान की परिभाषा, पर हर धर्म को देखें तो क्या यही result आयेगा?

आपको पता है---मैंने self-thinking research से पता कर लिया है की वास्तव में परमात्मा क्या है, कौन है, कैसे है और कहाँ है। तो पता है answer क्या निकला। तो चलिए जानते हैं पहले तो मैंने पूरा logical होकर सोचा और जानना चाहा की scientist क्या कहते हैं super natural power के बारे में यानि की god के बारे में। तो कुछ scientist कहते हैं भगवान नाम की कोई चीज ही नहीं होती। वो कहते हैं सब कुछ हमारे करने से होता है न कि किसी भगवान के करने से। परन्तु कुछ scientist कहते हैं वो जो धरती पर घास-फूस

उगते हैं, दिन-रात होते हैं, हम सांसे लेते हैं, क्या ये सब हमारे करने से होता है। तो फिर कुछ scientist कहेंगे की ये सब तो होता रहता है, इन सब बातों से कहाँ प्रमणित होता है कि भगवान ही करते है ये सब। पर थोड़ा और गहराई से सोचने पर scientist ये कहते हैं कि हमने बहुत कुछ खोजा है पर क्या वो हमसब कुछ बना पाते हैं, चलिए मान लिया की ऑक्सीजन बना ली, कृत्रिम वर्षा भी करवा ली, परन्तु क्या हम सूरज, चाँद और ब्रम्हांड बना सकते हैं। भगवान पर विश्वास करने वाले scientist कहते हैं हम सब सिर्फ इन सब चीजों के बारे में जान सकते हैं और शायद बाद में कभी create भी कर लें, परन्तु अभी उनको कौन create कर रहा है? अभी भी बहुत कुछ है जो हम जानते तक नहीं लेकिन वो मौजूद है ब्रम्हांड में। और ये सब सिर्फ coincidence कैसे हो सकता है। कोई न कोई तो Master Mind है, इन सब चीजों का। जिसे scientist super Natural power कहते हैं तथा जिसे साधरण भाषा में 'परमात्मा' कहते हैं। जिनमें अलौकिक शक्तियाँ विद्यमान हैं। इन सब बातों से prove हो जाता है कि वो है। पर अब बात आती है कि परमात्मा कौन है? कैसे दिखते हैं? तो इस बात की खोज मैंने खुद में ही की, मतलब "ध्यान'' करते-करते मेरे मन में बहुत सारे Thoughts आते थे कि परमात्मा ऐसे होंगे, वैसे होंगे। पर सबसे Solid Answer मुझे कुछ ऐसा लगा कि:- चूंकि हमारे जो भी Thoughts होते हैं, Imaginations होते हैं वे सब हमारे Mind से संचालित होते हैं। तो प्रत्येक इंसान का mind जो भी Imagine करता होगा, भगवान यानि कि पूरे ब्रहांड के master mind के लिए वो सब सही है। क्योंकि हमारे mind के creator भी तो भगवान ही हैं ना।

ये प्रत्येक व्यक्ति पर निर्भर करता है कि वो अपने भगवान को कैसे देखना चाहते हैं। कोई भगवान को बुरा भी देखता है, अपने गमों को याद करके तथा कोई भगवान को अच्छा भी देखता है ये सोचकर कि वे जो करते है सब ठीक करते हैं। क्योंकि भगवान हमें परेशानियाँ हमारा बुरा करने के लिए नहीं देते बल्कि वो चाहते हैं कि हम परेशनियों में तपकर सोना बने, खरा सोना। और जो इस तपन को सह लेता है वास्तव में वही तो सच्चा सोना बनता है। हमारे हिन्दू धर्म शास्त्र में भगवान शिव को अलौकिक, अद्भूत तथा सांसारिक मोह-माया से परे बताया गया है और मुझे भी मेरे महादेव ही इस संसार के Master Mind लगते हैं। यहाँ मैं अपने परमात्मा के लिए कुछ कहना चाहती हूं –

।। "सत्यम–शिवम-सुंदरम" ।।

आपको पता है मैंने उनसे जो कुछ भी माँगा सच्चे दिल से, उन्होंने दिया परन्तु कभी-कभी नहीं भी, और जब नहीं मिला तब मुझे Realize हुआ कि- सब्र रखो क्या पता उस देने वाले ने तुम्हें देने के लिए तुम्हें खुद चुना हो.... क्योंकि आखिर में सारी तालाश खुद पर ही तो खत्म होती है.... और मैंने Notice भी किया है कि मैंने जब भी किसी चीज को बाहर ढूंढा

वो जब नहीं मिला, तो मैंने अपने में उस चीज को ढूंढना चाहा और पा भी लिया। तो आज मैं बहुत-बहुत-बहुत ज़्यादा खुश हूँ। क्योंकि मैंने अपने अंदर समझ, उदारता, आध्यात्मिकता और सबसे बड़ी बात मैंने अपने अंदर Innocency Develop की, जो मुझे भी खुश रखती है और मेरे चाहने वालों को भी।

मुझे खुद को देखकर लगता है- "I'm like a Rainbow". जो खुद तो colorful है ही और जो इसे देखता है वो भी खुद को colorful और Happy Feel करता है। आपको पता है मैंने महादेव को कब जाना? जब पूरी दुनिया बेगानी लगनें लगी तब। मैं जब भी उदास होती थी, अकेले बैठ जाती थी और फिर महादेव का ध्यान लगाती थी। और जब मुझे जिस भी रिश्ते से hurt होता था तब मैं महादेव से रिश्ता जोड लेती थी और मुझे सुकून मिल जाता था।

मैंने सबसे ज़्यादा उन्हें अपने पिता और गुरु के रूप में Imagine किया। परन्तु अब मैं उनका ध्यान एकदम Awesome way में करती हूं, अब उन्हें मैं अपने अंदर महसूस करती हूँ। अब मैं ध्यान करते समय, 'मैं ही shiv और shiv ही मैं' जैसा कुछ महसूस करती हूँ। वो song है ना "shiv समा रहे मुझमें और मैं शून्य हो रहा.." जैसा कुछ महसूस होता है, अब मुझे। आपको पता है जब मुझे परमात्मा का आभास अलौकिक तरीके से हुआ था ना तब मेरे अंदर इतनी ऊर्जा आ गई थी कि मुझे ही सहन नहीं हो पा रही थी। मुझे बुखार हो गया था लेकिन फिर भी मैं बहुत बहुत-खुश थी इतनी कि मुझसे मेरी खुशी भी नहीं संभल रही थी। मुझे मेरे चेहरे पे एक गजब का नूर महसूस हो रहा था।

इस ऊर्जा के कारण मैं अपनी बहनों से, अपनी दोस्तों से, अपने घर वालों से बहुत -बहुत बोल रही थी। क्योंकि अंदर बहुत सारे Ideas, good-good वाले Thoughts आने लगे थे। उस समय रोने में भी बड़ा मजा आ रहा था। ये सोच कर रो रही थी कि कैसे भी Energy balance हो जाए। क्योंकि संभल ही नहीं रही थी और आंसू रुकने का नाम नहीं ले रहे थे, वो तो खुद ब खुद आते जा रहे थे। पर रात थी इसलिए किसी ने देखा नहीं। और आपको पता है..... मुझे लग रहा था ये ऊर्जा, ये खुशी मुझसे संभलेगी या नहीं पर अभी सब control में है। क्योंकि मेरी बहन ने कहा था- "शुरू-शुरू में हर कोई बच्चा ही होता है किसी भी परिस्थिति में।" बस तब मैं भी बच्ची थी, कच्ची थी। पर अब मैं सब कर पाती हूँ।

आपको पता है मुझे मेरे अंदर के परमात्मा ने बहुत कुछ सिखाया है; जैसे- अगर हम भगवान को माता -पिता समझते हैं तो उनसे हमें कुछ नहीं माँगना चाहिए। क्योंकि हमें क्या चाहिए हमसे ज्यादा अच्छे से उन्हें पता होगा। और अगर हम अपने हिसाब से मांगेंगे तब भगवान बस उतना ही देंगे। परन्तु यदि हम उन पर ही छोंड़ देंगे तो भगवान हमें वो देंगे जो

हमें वास्तव में चाहिए होगा। यहां मुझे एक भजन याद आता है – देगा वो भर के तू लायक तो बन, बंदे...

आपको पता है..........मुझे उस रात परमात्मा के सबसे अलौकिक रूप का आभास हुआ था। मुझे 'प्रेम' का आभास हुआ था। और मैंने कहीं पढ़ा है कि- "महादेव प्रेम के उस पद के समान हैं जो अथाह, अगाध और अविरल है।"

इसका अर्थ तो यही हुआ ना कि आप प्रेम कीजिए या महादेव की अराधना एक ही बात है। बल्कि मुझे लगता है प्रेम करना महादेव की अराधना करने से भी उत्तम है। क्योंकि महादेव की अराधना में केवल महादेव ही अपने भक्तों को कुछ दे सकते हैं। परन्तु भक्त उन्हें कुछ भी नहीं दे सकते। अब पूरे संसार को देने वाले को भला हम क्या दे सकते हैं। लेकिन मजा तो प्रेम में है जो अलौकिक है। इसमें दो लोग एक-दूसरे की भक्ति भी करते हैं और भगवान भी बन जाते हैं। प्रेम कितना अद्भुत है ना, जो आभास हमें प्रेम में एक-दूसरे को महसूस करके, स्पर्श करके होता है, वो आभास शायद महादेव की अराधना में भी नहीं होता। लेकिन ऐसा प्रेम बहुत कठिन है, इसमें स्त्री और पुरूष की ऊर्जा एकदम संतुलित होनी चाहिए। तभी वो एक – दूसरे के भक्त और भगवान बन सकते हैं।

माना स्त्री Feminine ऊर्जा का प्रतिनिधित्व करती है और पुरूष Masculine ऊर्जा का परन्तु ये ऊर्जायें दोंनो में देखी जाती हैं। अगर पुरूष के अंदर नारीत्व के गुण भी हैं जैसे- कोमल स्वभाव, ममता, सहनशीलता इत्यादि तब वह Feminine ऊर्जा को Carry कर रहा होता है। और वहीं जब स्त्री में नर गुण जैसे- द्रढ़ता, कठोरता, निर्डरता, चैतन्यता इत्यादि होते हैं; तब वह Masculine ऊर्जा को, carry कर रही होती है। जब स्त्री और पुरूष के Feminine और Masculine उर्जा संतुलित हों तभी इस तरह का 'प्रेम' संभव है। जो महादेव तुल्य प्रेम होता है, वो साधारण तो नहीं हो सकता ना। परमात्मा तुल्य प्रेम, ना केवल प्रेम है बल्कि एक तपस्या है, साधना है, अलौकि आभास है।

महादेव और पार्वती का अर्द्धनारीश्रर स्वरूप इसी अलौकि प्रेम का प्रतिनिधित्व करता है। जिसका आभास मुझे हुआ है। अर्द्धनारीश्रर स्वरूप में शिव और शक्ति दोंनो एक ही बन जाते हैं। एक शायरी है कि – लगावो अगर हिसाब तो 1 और 1 मिलकर 2 बनते हैं मगर प्रेम इतना सरल है कि 1 और 1 मिलकर भी 1 ही रहते हैं। ये सारी अनुभूतियाँ मेरी स्वयं की हैं। इन अनुभूतियों के माध्यम से मेरे अंदर अलौकिक शक्ति परब्रह्मा निवास करते हैं। जो मुझे प्रत्येक परिस्थिति में खुद पर विश्वास करना सिखाते हैं। अब मुझे लगता है की मैंने जो कुछ भी ढूँढा और नहीं पाया वो बस इसलिए क्योंकि मेरे महादेव चाहते थे उन सब की खोज मैं अपने भीतर करूँ। मुझे बहुत खुशी होती है, अब उन सब चीजो को अपने भीतर महसूस करके। आपको

पता है... इस अलौकिक ज्ञान के बाद मेरी सारी बुद्धियों को जैसे पंख लग गये। अब ये हर परिस्थिति में डट कर रहना जानते हैं। चाहे जैसी भी परिस्थिति क्यों ना हो। आपको पता है... जब कुएं और खाड़ी जैसी परिस्थिति भी आती है ना तब भी मैं ये नहीं सोचती हूँ कि दोंनो तरफ तो Ending ही लिखी है बल्कि ये सोचती हूं कि अगर कुएं में गिरे, तो खाड़ी से तो बेहतर chance है कि मैं तैर कर बच सकती हूँ, भले ही हमें तैरना ना भी आता हो, फिर तो हमारे दिमाग में इतनी शक्ति विद्यामान है कि वो हमें किसी भी विकट परिस्थिति को पार करना तो सिखा ही देती है। अब मैं कुछ खुद के बारे में बोलती हूं क्योंकि मैंने कुछ life goals set किये हैं। अगर केवल प्रेम को देखूँगी तो मैं अपने-आप को संतुष्ट नहीं कर पाऊँगी। और वैसे भी प्रेम हमारा विकास करता है, ना कि हमारे विकास में बाँधा बनता है। प्रेम हमें शक्ति देता है कि हम जो चाहे कर सकें। मेरे लिए तो 'प्रेम' is the unstoppable part of the life है। प्रेम मुझे स्वतंत्र होकर जीना सीखाता है ना कि बंध कर।

लोंगो को लगता है अगर वो अपने साथी को बाँध कर नहीं रखेंगे, स्वतंत्र कर देंगे तो उनका साथी उनसे भी अच्छे साथी को चुन लेगा। मगर वास्तविक प्रेम तो वही है ना जो हजार लोग होने के बावजूद आपका चयन करे। ये तो हुआ वो प्रेम जिसमें कि हम सब अपने साथी से करते हैं। मगर एक ऐसा प्रेम है जो आप खुद से करते हैं। यही वो प्रेम है जो आपको सबकुछ के लायक बनाता है, जिसे आज कल की दुनिया में self-love कहते हैं। मुझे लगता है ये प्रेम दुनिया की हर बेस कीमती चीज से भी ज्यादा नायाब है। किसी इंसान को अगर आप गौर से देखो तो पता चलेगा कि ego & attitude जिसके पास भी है वो बंदा दमदार दिखता है। और यार....कसम से ऐसे लोग जब प्यार में पड़ते हैं ना तो पूरी दुनिया देखती है। गजब...! क्योंकि इन लोंगों के पास 1000 तरह के reasons होते हैं कि वो क्यों एक-दूसरे से प्यार करते हैं।

वैसे तो प्रेम का कोई कारण नहीं होता मगर आप दुनिया को prove कर पायें, यकीन दिला पायें कि आप क्यों एक-दुसरे से प्यार करते हैं तभी लोगों को विश्वास होगा और वो तभी दुआयें भी देंगे।

मुझे लगता है कि सत्य वही है जो आप जानते हो और सामने वाले को भी समझा सकों। क्योंकि मेरा मानना है कि आपका सत्य तब तक सत्य नहीं होता जब तक कोई और न कहे कि yes you are right. मुझे लगता है कि अगर किसी को मन मान गया कि आप सही हैं यानि कि उसके अंदर का भगवान आपके अन्दर के भगवान को accept करता है कि yes , you are right. तब आपकी सत्यता की energy बढ़ जाती है। और फिर इसे ही तो कहते हैं एक बेहतर confidence level. वैसे तो सत्य को prove करने के लिए प्रमाण की आवश्यकता नहीं पड़ती। सत्य खुद – व – खुद सामने आ ही जाता है मगर इसमें time

लगता है। और अगर आपके पास बुद्धि है तो इसे आप जब चाहे साबित कर सकते हैं और जब कभी prove न कर पाये ना तो just:- || pray, trust & wait||. और trust ये सोचकर कीजिये कि you'll always win when you move with love and genuine intentions always.

इंतजार ये सोचकर कीजिए कि – be patient sometimes you have to go through the worst to get to the best. Your blessing is coming...

आपको पता है हमारा जो दिमाग है उसमें unlimited power है कुछ भी याद करने की तथा भुलने की। ये तो सबको पता होगा कि हम इंसान अपने दिमाग का बस 10 प्रतिशत ही प्रयोग कर पाते हैं, परन्तु ऐसा बिलकुल नहीं है। मनुष्य जितना अपने दिमाग का use करता है उतना ही उसका दिमाग विकसित होता जाता है। आपने computer जरूर देखा होगा उसकी functioning कितनी vast होती है। तो सोचिए इस computer को बनाने वाला हमारा brain कितना ज़्यादा vast functioning करता होगा। बस जरूरत है इस god gifted super computer को sharp रखने की। तो आप सब को लग रहा होगा कि कैसे इस super computer को sharp रखा जा सकता है। आप अपनी परिस्थितियों को solve करने के बारे में जितना सोचेंगे आप का brain उतना ही sharp बनता जाएगा।

जिसने यह स्वीकार लिया कि – life is like a roller coaster it has its ups and downs it's your choice to scream or enjoy the ride तब आपका brain, super active तरीके से काम करता है। क्योंकि problems आने पर हमारा दिमाग स्थिर नहीं रहता और हम overthinking करने लगते हैं कि कैसे भी करके बस problem solve हो जाए। अगर हम ऐसा करते हैं तभी हमारा brain sharp बनता है, वरना हार कर बैठ जाने से कुछ हाथ नहीं लगता।

आपको पता है problems life के वो puzzles हैं जिसको solve करने में बड़ा दिमाग घिसता है। मगर एक बार solve हो गया ना तो बड़ा मजा आता है। अगर आप जिंदगी को adventure मानते हैं तो आपको हर परिस्थिति में जीतने से कोई नहीं रोक सकता। मेरा तो कुछ ऐसा है -

ख्वाहिशों का

कैदी हूँ मुझे

हकीकतें सजा

देती हैं,

आसान चीजों का

शौक नहीं

मुझे मुश्किलें

मजा देती हैं।

एक और बात कि –

"Everybody wants.

happiness and nobody

wants pain. but you can't

have a rainbow without a

little rain....

आपको पता है.......... मुझे लगता है एक बेहतर इंसान वो हैं जो इस बात पर सबसे पहले गौर करते हैं कि-

Be yourself, love yourself,

trust yourself.

अगर आप अपने आप को अच्छे से समझ पाओगे तब ही आप अपने सारे रिश्तों को, दोस्तों को और परिस्थितियों को समझ पाओगे। मैंने देखा है लोंगो को.. जो समझदार लोग होते हैं वो अपने से बड़ों को भी संभाल लेते हैं, वहीं नासमझ लोग अपने से छोटों का भी खयाल नहीं रख पाते। लोग अगर मुझसे पूंछें कि मेरी ताकत क्या है तो पता है मैं कहूँगी मेरी सबसे बड़ी ताकत मेरी समझ है। मुझे पता है कब मुझे क्या करना चाहिए, किस परिस्थिति में मुझे कैसे behave करना चाहिए, मुझे मेरा सब पता है। कभी – कभी टूट भी जाते हैं परिस्थितियों के सामने मगर फिर remind होता है-

"I am the game changer... not loser.

हर बार मुझे मेरा positive attitude संभाल लेता है। ऐसी परिस्थिति में मैं फिर खुद को याद दिलाती हूँ कि – "बडी मंजिलों के मुसाफिर छोटा दिल नहीं रखते।"

हम वैसा दिल ही नहीं रखते जो टुट जाये। इंसान में ego का होना बहुत ज़्यादा जरूरी है क्योंकि सिर्फ तभी इंसान अपनी बातों पर डटा रह सकता है और फिर वो जो भी कहता है उसे करके भी दिखा सकता है। और फिर दुनिया तो दिखाने वाले पर यकीन करता है। और वैसे भी बोलते तो सब हैं परन्तु उसे करके दिखाने की क्षमता सब में नहीं होती है। जिसमें सचमुच में करके दिखाने का जुनून होता है वो वास्तव में सामर्थ्यवान होते हैं। ऐसे इंसान को ही दुनिया respect देती है। और ऐसे इंसान को जिदंगी जीने में बांकी इंसानों से ज़्यादा मजा आता है। आपको पता है मेरे लिए सबसे ज़्यादा मजेदार चीज क्या है, सबको पढ़ना। जब आप किसी इंसान को पढेगें, तब आपको बहुत मजा आएगा। उससे भी ज़्यादा इस बात की खुशी मिलेगी जब आप किसी इंसान को पढकर उसके अगले कदम का अनुमान सही सही लगाऐंगें.... wow! ऐसा करने में बड़ा मजा आता है, मैंने ऐसा किया है।

यार.... फिर बात आती है खुद की तो मुझे नहीं लगता दुनिया में इससे खूबसूरत भी कोई चीज होती होगी, कि आप अपने बारे में सबसे ज़्यादा जानते हैं। अगर खुद की कमजोरी का पता चल जाये ना तो उसी समय से इंसान का बलवान बनना शुरू हो जाता है। क्योंकि जब आपको खुद की कमजोरी का पता होगा तो दुनिया आपको कमजोर कर ही नहीं सकती। वो इसलिए क्योंकि जो इन्सान अपनी कमजोरी जानता है वो उसका इलाज भी जरूर ही जानता होगा। इसलिए खुद के लिए doctor बनिए जिसे अपना रोग भी पता हो और उसका इलाज भी। इस परिस्थिति में ये नीति सर्वोत्तम होगी कि –

।। आत्मदीप: भव।।

।। Be your own light।।

आपको पता है दुनिया रहस्यों से भरी पड़ी है। परन्तु उससे भी ज़्यादा रास्यमयी चीज आपके सबसे समीप है, वह हैं आप खुद। आप एक बार खुद को समझना शुरू कीजिए फिर आपको सब समझ में आने लगेगा..यहाँ तक कि परब्रह्म परमात्मा भी। ये मेरा दावा है... आप सब से। वो कहते हैं ना कि:-

"खुद में 'खुदा' को ढूँढना

गजब की इबादत होती है।"

मैंने जब से खुद को जाना है तब से लेकर आज तक मैंने अपने बारे में बहुत बोला लोगों को कि मैं ऐसी हूँ, मैं वैसी हूँ। पर नहीं यार .... That's my biggest mistake. क्योंकि दुनिया miracles को अपनी ऑखो के सामने होते देखना चाहती है। उन्हें सुनने में कोई interest नहीं हैं। हाँ, मगर सुनाने में आगे रहती है, खुद की दांस्ता। what a fuck of this!. But now I realize... अगर दुनिया देखना चाहती है तो दिखाओ यार, actual में तभी मजा आएगा। मुझे हंसी आती है ये सोचकर कि जो लोग कहते थे आप बोलते बहुत हो। वही मेरे चुप होने पर कहते हैं क्या हुआ आजकल आप चुप- चुप रहते हो। हाँ, बेसक हम बोलते बहुत हैं मगर इसलिए कि बोलकर मैं अपनी खुशी जाहिर करना चाहती हूँ। वैसे दुखी होने पर मुझे चुप होना पसंद है, क्योंकि किसी को अपना दुखड़ा सुनाकर दुखी करें। इस situation में मुझे एक शायरी याद आती है कि –

जब हम बोलते हैं तो बरस जाते हैं

और जब चुप रहते हैं तो लोग तरस जाते हैं।

कभी -कभी तरसाना भी अच्छा रहता है वरना लोग आपकी value करना ही भूल जाऐंगे। बल्कि मेरा तो ये कहना है कि – मुझे बेसक झुकना आता है पर समय आने पर झुकाना भी आता है। वो कहते हैं ना कि-

Be loyal, don't be stupid.

बेसक सबकी खुशियों का ख्याल रखिए मगर अपनी खुशियों को भी तबज्जो दीजिए। जो लोग givers होते हैं, हमेशा देने की सोचते है लेने की सोचने की उनकी आदत नहीं होती। givers बस इतना aspect करते हैं कि लोग उनकी भावनाओं की कद्र करें। वरना देने वाले अगर generous निकले तो फिर उसे कोई सबकुछ देकर भी खुश नहीं कर सकता। इन्हें बस अपने अच्छे karma पर यकीन होता है कि-

Do good. It will come back to you in unexpected ways.

आपको पता है अच्छे लोग बुरे भी बनते हैं तो सिर्फ अच्छा ही करने के लिए। आप 'दुर्गा' माता को ही देख लिजिए उनका 'काली' स्वरुप सिर्फ दुष्टों का नाश करने के लिए होता है। तो इससे क्या समझे ? यह कि केवल positivity से काम नहीं चलता। कभी-कभी negativity में convert होना पडता है, कुछ positive करने के लिए। तो क्या समझे Everything is okay with your good intensions.

आपको पता है एक strong आदमी के पास इतनी ताकत होती है कि उसे पता होता है कि कब कितना weak बनना है। क्योंकि कभी-कभी जीतने के लिए हारने का भी risk लेना पड़ता है।

मैंने mind से strong व्यक्ति की बात की है ये बहुत-बहुत-बहुत चालाक होते हैं। जहां इन्हें पता होता है कि मैं यहाँ सख़्ती से नहीं जीत सकता वहाँ ये शौक से झुकना पसंद करते हैं। ताकि लोग सामने से कहें no, no, no, no, no, ... you are not wrong you are right, तो ऐसे होते हैं ये strong minded लोग।

strong minded लोग की सबसे खास बात ये है कि ये जो भी करते हैं पूरी planning के साथ करते हैं इसलिए बहुत कम ही chances होते हैं कि ये हार जायें। अगर ये मुश्किल से हार भी जाते हैं तो इनका attitude नहीं बदलता। अगर मेरी मम्मी के style में कहूँ तो- "रस्सी जल गई मगर बल नहीं गया'' और अगर मेरे style में कहना हो तो-

"हम वो अना परस्त हैं

जो हारकर भी कहते हैं कि

वो मंजिल ही बदनसीब थी

जो हमें... पा ना सकी".

strong लोगों में अगर एक बार ego वाला attitude आ जाए तो फिर चाहे जो हो ये अपना attitude नहीं छोड़ते। ये अगर भिखारी की जिंदगी भी जियेंगे तो बड़े शान से। ये सब मैं इसलिए कह रही हूँ क्योंकि मैंने अपनी समझ से दुनिया देखी है, किसी ने उंगली पकड़ कर दुनिया नहीं दिखाई। और हाँ मेरी दृष्टि हमेशा मुझसे शुरू और सबकुछ देखने के बाद मुझपे ही खत्म होती है। सवाल भी खुद से करते हैं और जबाव भी खुद से ही माँगते हैं। पर हाँ मैं अपने जबावों को पूरा तौलती हूँ। दस लोगों की राय जानती हूँ। फिर जाकर कहीं खुद को कहती हूँ ...Yes, you are right. ऐसा करने से मेरा confidence level बढ़ता है, खुद पर यकीन आता है कि दस लोगों जैसी सोच मैं अकेले ही रखती हूँ। ये तो बस शुरआत है मेरे लिए, मैं इतनी बारीकी से समझना चाहती हूँ हर चीज को कि कभी अगर मुझे लगे कि मैं गलत तो नहीं, पर इतनी समझदारी के बाद मुझे खुद पर ही doubt हो जाए कि मैं गलत कैसे हो सकती हूँ। बस अब इतना........ सही बनना है मुझे। होगा, होगा एक दिन जरूर होगा। मैंने इसकी शुरूआत कर दी है। ये मेरा attitude कुछ इस तरह का है कि:-

ALWAYS have a little bit of ATTITUDE......

Don't use it hurt others...

but use it when your self-respect.

is tested by other people.

क्योंकि मैं लड़की हूँ, sorry, sorry मैं एक strong woman हूं। तो मैंने एक reels में पढ़ा है कि-

A strong woman

don't have attitude.

they have

standards & boundaries.

but I have also two. मुझे मेरी boundaries बहकने नहीं देतीं। मुझे energy देती हैं, किसी भी attitude वाली बात को लेकर 50 बार सोचने की और तब जाकर सही और गलत का फैसला लेने की।

because I am a Indian girl... sorry, sorry, sorry Bihari chhori. तो मेरे पास boundaries बहुत हैं। अगर मैं लड़का होती तो इनती boundaries नहीं होतीं, but still I think. यार .... ये boundaries मुझे बाँधती थोड़ी हैं। मुझे 'हीरे' वाली feeling दिलाती हैं। क्योंकि हीरे को ही ना, इतनी tight security में रख जाता है। इसलिए अब मैं cool down होकर बस अपना अच्छा-अच्छा ही देखना चाहती हूँ। क्योंकि बुरा सोचकर कौन सा कुछ हाथ लग जाना है उल्टा sadness.. और tension ही होगा। अरबी भाषा में कहा भी गया है कि-

There is an Arabic saying

that goes.

the beauty you see in

Everything is reflection of the

beauty in you...

तो beautiful बनिए और अच्छा सोचिए। अगर आप लाख मुसीबतों के बाद भी अच्छा सोच लेते हैं तो विश्वास रखिए आपको कोई जीतने से नहीं रोक सकता। क्योंकि जीत पाने

से पहले खुद पर यकीन रखना होता है कि सब अच्छा होगा। जीत सबसे पहले आपके मन में होनी चाहिए बांकी दुनिया तो बाद में देखेगी। इसीलिए तो कहा जाता है कि

"मन के हारे -हार है और मन के जीते-जीत।"

मुझे पता है इतने attitude और commitments के साथ जिंदगी जीने में काफी मजा आऐगा, मुश्किलें तो होंगी पर impossible कुछ भी नहीं होगा। क्योंकि impossible खुद ही कहता है...I'm possible. बस देखने का नजरिया होना चाहिए।

मैंने समझा है हर एक चीज को कि दुनिया में कोई भी चीज कभी सकारात्मक या नकारात्मक नहीं होती बल्कि हर एक चीज पूरी-की-पूरी neutral (तटस्थ) होती है। आप खुद ही सोचिए जब आप किसी से प्यार करते हैं परन्तु अगर आप किसी से अधिक प्यार करने लगते हैं, उसके लिए हर वक्त Ready रहते हैं, उसके सामने आप खुद को भूल जाते हैं। तब आप जिससे भी प्यार करते हैं उसके मन में आपके लिए क्या आएगा; यही ना कि वो चाहे जो करे अच्छा या बुरा, आप उन्हें कुछ भी नहीं कहोगे। इसी चक्कर में वो भुल जाते हैं कि उन्हें भी आपके लिए वही सब करना है जो आप उनके लिए करते हैं। ये तो था अधिक प्यार का definition. और जब कम होता है तब तो आप केवल मैं मैं करोगे और किसी की आपको पड़ी ही नहीं होगी। लेकिन आपको पता है इन दोंनो conditions में सिर्फ दु:ख दर्द ही होते हैं। अगर आपको वास्तव में खुश होना है तो सबकुछ कीजिए पर good intensions के साथ। अगर आप किसी से प्यार करते हैं तो आप ऐसा बनिए कि उन्हें भी मजबूर होना पड़े आपको आपके जैसा प्यार करने के लिए। मतलब ऐसी परिस्थिति में आपको सबसे पहले खुद को चुनना है क्योंकि-

"Before sharing your love,

some store for yourself..."

और जब आप केवल मैं- मैं करते हैं तब आपने देखा होगा कि आपको कोई प्यार करने वाला नहीं है या फिर आपको अहसास ही नहीं होता है कि कोई आपसे प्यार भी करता है। पर आप खुद feel करके देखिए कि आप अंदर से बहुत खोखले महसूस करते होंगे। और आपको पता है हमारा mind emotionally तरीके से fantastic way में काम करता है। और Emotions तभी आते हैं जब आप किसी को चाहते है या Value करते हैं। आप experience करके देखिये आप खुद को खुद के लिए motivate नहीं कर पाऐंगे, पर आप किसी और के लिए खुद को motivate कहीं बेहतर कर पाऐंगे। आपको पता है मैंने खुद को सिर्फ बॉंटने के लिए ही समझा था। मतलब जो भी मेरे अपने हैं मैंने उन्हें अपना सारा Time और अपना love

& care सबकुछ दिया। मगर नहीं, लोगों को Value ही नहीं हुई मेरी। तब मुझे Realize हुआ कि ये जो मैं दे रही हूँ क्यों? ताकि सब खुश रहें। मगर लोग खुश ही नहीं हो पा रहे तो फिर क्यों देना। यहाँ मुझे Hurt बहुत हुआ। फिर मैंने खुद को सिर्फ खुद के ही साथ बाँटना सीख लिया। क्योंकि मेरी सबको खुश रखने वाली आदत तो जाऐगी नहीं क्योंकि ये मेरी पैदायसी आदत है। तो अब मैं सिर्फ खुद के लिए Time निकालती हूं। अपना सारा Love और care खुद को देती हूँ। फिर जाकर पता चला कि लोग जिसे पाकर खुश नहीं हो रहे थे। वही सब चीज मुझमें देखकर लोग सोच में पड़ जाते हैं कि कैसे कोई इतना बेहतर हो सकता है। और फिर मेरे सबको देने वाली आदत ने मुझे कभी किसी से आशा करना तो नहीं सिखाया कि वो भी मुझे देंगे। मगर हाँ इतनी आशा जरूर रहती है कि लोग मुझे समझे कि मैं सिर्फ उन्हें देना चाहती हूँ उनसे कुछ नहीं चाहती, मगर क्या मजाल कि वो मेरी इस खूबी को समझ सकें। इसी बात ने मुझे अभी तक बहुत चोट पहुचाँई है। मगर अब मैं इसे अपना दर्द नहीं मानती बाल्कि अब मैंने इसे अपना Attitude बना लिया है कि कोई मुझे क्या ही दे सकता है। इसलिए अब मैं मेरे लिए खुद को सबकुछ पर्याप्त दूंगी और हाँ मेरा Attitude :-

"मुझे पाकर जो खुद को अमीर महसूस ना करे

उसे मुझे गरीब बनाने का कोई शौक नहीं।"

इसलिए अब मैं सिर्फ उन्ही की हूं जिसे लगे कि उन्हें मेरी जरूरत है वरना मैं किसी की भी नहीं। बहुत सारे रिश्ते-नाते हैं जो मुझे उनसे जोड़े हुए हैं, मगर मेरा Emotional Connection उन्हीं के साथ है जो मुझे समझे, मेरी कदर करे वरना मुझे पता है-

I am Enough For myself.

अब मैं अपने Emotions को waste नहीं करती क्योंकि मेरे Emotions मेरे लिए तो बहुत कीमती हैं। जो इन्हें पाकर अंदर से खुशी महसूस करे केवल उन्हीं के लिए है क्योंकि अब मैं भावनाओं में नहीं बहती। क्योंकि मुझे पता चल गया है कि-

"भावनाओं में बहने वाले को

कोई भी बेवकूफ बना सकता है।"

अब मैंने रिश्ते-नाते या और भी जो मेरे अपने हैं, उन्हें बेवजह Value देना बंद कर दिया है। आज मैं केवल खुद को Value देती हूं और अब परख रखती हूँ कि वास्तव में कौन मेरा अपना है, किसे Value देनी है। अब पता है मुझे क्योंकि -

।। हर अपने के वेष में अपना नहीं होता

और हर पराया इंसान पराया नहीं होता।।

अगर वो आपको Value दे तो अपना और ना दे तो पराया, लेकिन एक बात है जो कि मस्त है। क्योंकि अब मुझे -

"झुकना भी आता है और झुकाना भी।

चुप रहना भी आता है और चुप कराना भी।

B'coz firstly, love myself than offers क्योंकि अब मेरी दुनिया मुझसे शुरू होती है और खत्म भी मुझ पर ही होती है। मैंने मेरी Life को इतना Concentrated बना लिया है। क्योंकि अब मुझे पता है कि अगर लोंगो से Value चाहिए तो सबसे पहले ये Decide कीजिए कि आप खुद को कितना Value देते हैं। मुझे अब पता है खुद की Value और मैं अब किसी से भी disrespect accept नहीं करूँगी। किसी से भी नहीं। यहाँ तक कि खुद से भी नहीं। अब मुझे बस खुद को ही Explore करने पर Focus करना है। क्योंकि अब मुझे पता है कि मैं बहुत विस्तृत हूँ इतना कि मुझे खुद ज्ञात नहीं। बस अब खुद को ही समझते जाना है। क्योंकि मुझे सदैव सीखने की ललक है इसलिए मैं स्वयं के साथ -साथ अपने आस-पास वाले लोंगो को भी समझने का प्रयास करती हूँ क्योंकि मुझे पता है भगवान ने हर किसी को unique बनाया है। सब में ईश्वर का वास है। सभी एक-दूसरे से किसी ना किसी मामले में भिन्न जरूर है B'coz god is the most beautiful creator उनके सामने कोई कुछ भी नहीं।

B'coz God is God. means he is everything. तो बस सीखना है तो सबकी Respect तो करनी पड़ेगी ना, पर हाँ सबसे पहले खुद की Respect. क्योंकि वो आप ही हैं जो सब में खुदा को ढूंढते हैं।

एक Interesting बात बताऊँ, मेरी। कान लाइए अपना इधर.... मुझे ना सच में जादू आता है मेरे Emotions को एकदम से Control करने वाला। क्योंकि मैनें महसूस किया है कि मैनें अपने Emotions को जब भी profit से ज़्यादा invest किया तब मुझे हमेशा हारा हुआ महसूस हुआ है, और मुझे किसी भी कीमत पर हारना नहीं है। इसलिए अपने सारे Emotions वापस से खुद में ही कैद कर लेती हूं। और फिर से मैं ताकतवर बन जाती हूं और भगवान कृष्णा ने भी यही कहा है कि-

।। कृष्ण ज्ञान।।

स्वयं को अपनी भवनाओं से अधिक मजबूत रखने का प्रयास करें

अन्यथा जीवन के प्रत्येक पड़ाव में हर बार स्वयं को हारेंगे।

।। राधे-राधे।।

मुझे बहुत बाद में समझ में आया कि किसी के लिए आपके मन में Emotions होना अच्छी बात है। मगर उसे हमेशा सामने वाले के Behavior के अनुसार ही सोच-समझकर व्यक्त करना चााहिए। नहीं तो, Emotional होना आपकी कमजोरी समझी जा सकती है।

Emotions को कई मामलो में Sensitivity से जोड़कर देखा जाता है, मगर मुझे लगता है Emotional होने से बेहतर आपका sensitive होना जरूरी है। क्योंकि sensitive person केवल किसी की भावनाओं को ही नहीं बल्कि उसके सच और झूठ को बेहद ही बारीकी से समझ सकते हैं। या यूँ कहें कि ये किसी इंसान तथा परिस्थिति के Complete vibes को observe कर सकते हैं। जबकि emotional व्यक्ति केवल emotions की परख रखता है, तो बस इस लिए अब Emotional होना छोंड़ दिया और sensitive बनती जा रही हूँ। क्योंकि अब मेरे लिए सब कुछ समझना बेहद जरूरी हो गया है। वो इसलिए क्योंकि मुझे अब सिर्फ मेरे अंदर सकारात्मकता नहीं चाहिए, बल्कि मैं हर वो इंसान के अदंर सकारात्मकता चाहती हूं जो मुझसे जुड़े हैं या फिर मैं उससे कभी मिली भी हूँ। अब मैं अपने सकारात्मक विचारों को इतना Powerful और impactful बनाना चाहती हूं कि हर वो इन्सान प्रेरित हो, जिससे मैंने कभी बात भी की है या कभी मिली भी हूँ। क्योंकि अब मैं भी चाहती हूं कि लोग मेरे लिए भी अच्छा करने की सोचें। इस बात के लिए मेरे नाना एक कहावत कहते हैं कि-

"बोए पेड़ बबूल के तो आम कहाँ से होय।"

1. तो इसलिए अगर मुझे आम चाहिए तो मुझे भी आम ही बोना पड़ेगा ना। तो बस इसी की Planning चल रही है। एक Special बात बोलूं....वो यह कि आप कहीं न होकर भी आप अपने विचार के माध्यम से वहाँ उपस्थित हो सकते हैं, जहाँ आप शारीरिक रूप से अनुपस्थित हैं। हर इंसान के विचार एक-दूसरे को प्रभावित करते हैं। अगर आप खुद को प्रभावी बना लेते हैं तो आपका विचार हर किसी को प्रभावित करने लगेगा। आपको पता है उस दिन ईश्वर ने मेरी अनन्य चेतना जागृत कर दी। उस दिन मुझे मेरे positive Thoughts का Reward मिला था मेरे महादेव के तरफ से। मैं बचपन से ही sensitive हूं इसलिए मुझे किसी बात को लेकर जितनी जल्दी खुशी महसूस होती थी उतनी ही जल्दी मुझे बुरा भी लग जाता था। पर मैंने हमेशा बस कोशिश की

थी मैं अच्छा सोच पाऊँ। क्योंकि बुरा सोचने से मुझे ही बुरा महसूस होने लगता था पर मेरी आँखों से आंसू दोंनो ही Conditions में आने लगते थे। जब भी मुझे अच्छा लगता और तब भी जब मुझे बुरा लगता। गजब थी ना मैं बचपन में। इसलिए मुझे मेरे महादेव ने किसी भी condition को पुरा समझने और फिर उसे Positively लेने का reward दिया और मुझे ये पता चल गया कि अगर मुझे सदैव Positive रहना है तो मुझे मेरे Complete behavior में सिर्फ Positive चीजों को ही शामिल करना पड़ेगा। तभी मेरा aura Positive होगा और लोंगो पर असर डालेगा। इसलिए मैंनें मेरी आदतों को Improve किया। जिसमें निम्न बातें शामिल हैं- जितना possible हो उतना झूठ से परहेज करना।

2. always honest with own self respect.

3. अपनी बोली हुई बातों पर अड़े रहना।

4. problems को हमेशा खुद से deal करने की कोशिश करना।

5. advice दूसरों से नहीं, बल्कि खुद के subconscious mind से लेना। क्योंकि

   I know that subconscious mind has a lot of answers and also questions.

6. अपने mind के law of attractions को हमेशा improve करते रहना।

7. हमेशा परमात्मा पर विश्वास रखना

8. अपने आप को एकदम clear रखना कि कोई कार्य आप क्यों कर रहें हैं।

9. उस काम से खुद पर और लोगों पर क्या प्रभाव पडेगा। ये भी हमेशा सोचना।

10. खुद के attitudes का निर्माण खुद से करें।

11. emotions control करना।

12. मेहनत करने से कभी पीछे नही हटना।

13. खुद के लिए limit set करना।

14. खुद को हर परिस्थिति में judge करना।

15. आप जो भी करते हैं उस पर लोगों के क्या opinions हैं उस पर ध्यान से सोचना।

16. खुद को कोई न कोई task देना।

17. हमेशा समय के अनुसार चलना।

18. हर स्थिति में खुद को priority देना।

और भी बहुत सारी बातें हैं जो आपके aura को powerful बनाती हैं। मगर अभी इतना ही। मैं aura powerful बनाने के बारें में इसलिए कह रही हूं। क्योंकि इससे आप लोगों को अपनी तरफ attract कर सकते हैं। लोग आपकी बातों का और आपका दिल से respect करेंगे, आपकी तरह बनना चाहेंगे।

आपकों एक बात बताऊँ----ये बात मुझे मेरे अंदर के परमात्मा के realizations से पता चली है। तो सुनिए...मुझे समझ आ गया है कि हमारा प्रत्येक व्यवहार चाहे वो logical हो या Emotional सब के सब हमारे mind से संचालित होते हैं। दिल का काम सिर्फ और सिर्फ blood supply करना है। और एक बात emotions भी logically सोचने के बाद ही आते हैं। जब तक हम किसी इंसान को नहीं जानेंगे तब तक उसके लिए emotions का होना नामुमाकिन है। मैं ऐसा बिलकुल भी नहीं कह रही कि प्यार, व्यार की कोई चीज नहीं होती। होती है बेसक होती है मगर बेवजह नहीं होती। कोई न कोई reason तो जरूर होता है।

आपके पास किसी को प्यार करने की एक वजह जरुर होगी। चाहे आप इतना ही क्यों न कहें कि आप उनसे प्यार बस इसलिए करते हैं क्योंकि आपको उनका 'साथ' सुकून देता है। तो यो भी एक reason है यानि की कोई logic तो अवश्य है। या फिर आप ये कहें कि आपको खुशी होती है उनकी खुशी देखकर चाहे वो आपके साथ हो या ना हो। आपको बस उन्हें खुश देखना है। तो बस यहाँ भी reason जरूर है यानि कि फिर से logic लग गया। और हाँ दोनों ही सूरतों में व्यक्ति स्वयं की ही ख़ुशी देखता है। एक बात हमारा mind सदैव खुद को पहले देखता है। सदैव मतलब सदैव। फिर यहाँ भी selfishness साफ दिखाई देती है। कितना complicated है ना, मगर ये real है कि everything is always logical.

हमेशा दुनिया ने selfishness को negative ही देखा है और मुझे भी दिखाया। मगर मैंने selfishness को positive और cute ही समझा है, क्योंकि यही real है। तो अब मैं एकदम proud से कह सकती हूँ...yes, I am so cute...selfish. जब तक कोई चीज किसी का नुकसान नहीं करती तब तक हर negative चीज भी positive है। इसलिए अब मैं खुद को negative सोचने से कभी मना नहीं करती। क्योंकि क्या पता selfishness जैसे negative चीज इतना positive हो सकती है, तो सब क्यों नहीं। बस जरूरत है सबका भला सोचने की। तो अब बताइए, मेरी energy कितनी powerful or joyful रही होगी उस रात। उस दिन मुझे

ये भी realise हुआ कि अगर मैंने अपने mind को कुछ इस तरह से control कर लिया कि – दस लोंगो के विचारों का नकारात्मक प्रभाव मेरे ऊपर ना हो, मगर मेरा सिर्फ एक सकारात्मक विचार सबको प्रभावित करे। तो फिर मैं कुछ भी control कर सकती हूँ।

ऐसा mind control चाहती हूँ मैं खुद से। मुझे उस दिन एकदम clearly पता चल गया कि अगर मुझे खुद को सदैव बड़ा बनाना है तो मुझे सदैव सीखते रहना होगा। और वास्तविक ज्ञान, किसी किताब, धर्म, ग्रंथ, या motivational speech में नहीं होती बल्कि ज्ञान प्रत्येक इंसान में विद्यान है। अगर आप सीखने के इच्छुक हैं तो आप बच्चे, बूढे, नौजवान, पेड़, आकाश, धरती अथवा ब्रम्हाण्ड के किसी भी हिस्से से कुछ भी सीख सकते हैं। मैंने अपने भाई से सीखा 'एकाग्रता' क्या है ?, जो कि मुझसे बहुत छोटा है मगर उसमें भी श्रेष्ठता है। और मुझे भी श्रेष्ठ बनना है। श्रेष्ठता का definition मैं कुछ lines में बता देना चाहती हूँ।

ऐसे कि- "श्रेष्ठ वही है जिसमें

दृढता हो पर जिद नहीं, वाणी हो पर कटु नहीं।

दया हो पर कमजोरी नहीं, ज्ञान हो पर अहंकार नहीं ....।।"

एक और बात जो मैंने सीता माता से सीखी है। वो ये कि आप परोपकारी अवश्य बनिए मगर खुद का फायदा और नुकसान भूलकर नहीं। जब रावण साधु का वेष धर कर सीता माता से भिक्षा लेने के बहाने उनका हरण करने आया था, तब वह लक्ष्मण रेखा को पार नहीं कर पा रहा था। जो कि लक्ष्मण जी ने माता सीता की रक्षा के लिए बनाया था। तो उस क्षण माता सीता को ऐसा सोचना चाहिए था कि ये कैसा साधु है जो मेरी रक्षा रेखा पार नहीं कर पा रहा। अगर वो सचमुच में सच्चा साधु होता तो उसमें उस रेखा को पार करने का सामर्थ्य होता। तो बस इसलिए आप अपने अंदर के 'दया' भाव को बेसक जिंदा रखिए मगर इसे अपनी कमजोरी मत बनने दीजिए।

अब कई लोग आलोचक भी हैं, वो कहेंगे कि ऐसा होना नियति था सो हो गया। मगर माना उस समय ये नियति था। मगर आज भी सीता है, रावण है मगर राम की कमी है। तो इस बार सीता को खुद ही अपना राम और लक्ष्मण बनना पड़ेगा। अब सीता को खुद ही खुद से कहना पडेगा; तुम नारी हो, अवला नहीं। और वैसे भी अद्भुत रामायण में सीता के लिए बहुत ही भिन्न बातें कही गई हैं। जो हम लोगों के दिमाग में चल रहे रामायण से काफी भिन्न हैं। उसमें सीता स्वयं ही संघारक है। उसमें कहा गया है कि–

।। सौम्य रूप जो सीता माता, विकट रूप वही भद्र काली।।

संस्कृत-हिन्दी
अद्भुत रामायण
शान्तिकाल में सिय माता,
संकट में वही भद्रकाली
भुवन वाणी, लखनऊ-२०

अद्भुत रामायण के हिसाब से दो रावण थे; एक रावण और दूसरा महा-रावण। रावण का वध बेसक राम ने किया, मगर महा-रावण जो कि रावण से भी खतरनाक था उसका वध स्वयं माता सीता ने किया था। अभी के समय में स्त्री स्वयं को ही नहीं समझ पा रही। स्त्रियों को पूरी दुनिया ने अक्सर उसके रूप से जाना है और स्त्रियाँ भी अपने रूपवान होने पर घमंड कर रही हैं। और यही कारण है कि पुरूष उसके रूप से आकर्षित तो होते ही है साथ-साथ केवल उसका उपयोग करना चाहते हैं, उसे समझना नहीं। और पुरूष समझे भी भला कैसे? स्त्री स्वयं को अपने रूप से अधिक समझे तब ना। स्त्रियों को समझना होगा कि वो काली है, वो दुर्गा है, वही राधा और मीरा है, वही शिव की सती और शक्ति है।।

so ladies जब तक आप अपना रूप देखेंगी तब तक दुनिया भी केवल आपका रूप ही देखेगी। मगर इतनी सिमटी हुई नहीं हो सकती आप। आप अपने अंदर के परमात्मा को पहचाानिए; वो अपार है, उसकी कोई सीमा नहीं। आप अपने अंदर के masculine energy को boost कीजिए और फिर देखिए अन्य स्त्रियाँ ही क्या पुरूष भी आपसे जलेंगे। उस समय पुरूष आपको अपने समकक्ष देखकर respect भी खूब करेंगे, जिसके आप काबिल हो। तो respectful बनिए beautiful नहीं। beautiful आपको भगवान ने ही बनाकर भेजा है। इसलिए respect कमाने की सोचिए, आप beautiful पहले से ही हो। आप अपनी सुन्दरता को अपनी कमजोरी मत बनने दिजिए। इसे आपकी खूबी बनने दिजिए। याद रखिए beauty को अक्सर destroy करने की सोची जाती है। इसलिए अगर भगवान ने आपको beauty का उपहार दिया है। तो इसके protector भी आपको खुद बनना पड़ेगा। वरना हर जगह आपको बस destroyers से छुप कर या बच कर रहना पड़ेगा।

मैं एक powerful secret बताऊँ, तो ध्यान से सुनिएगा। हमेशा positive सोचना चाहिए बोलना चाहिए और यही लोगों को भी सीखाना चाहिए। क्योंकि positive mindset सबका कल्याण करता है। आपको मैं एक अपने positive attitude का example देती हूँ। सोचिए अगर आपको कोई हराना चाहता है, और खुद जीतना। अगर वही आप same सोच रखते हैं तो दोंनो के दोंनो समान स्तर के हुए। जबकि आपकी सोच अगर ऐसी है कि आप खुद तो जीतना चाहते ही है मगर सामने वाले को भी हराना नहीं चाहते है। यानि की उसे भी जीतना चाहते हैं, तो सोचिए इससे बड़ा भी कोई विजेता हो सकता है क्या? मगर हाँ एक बात याद रखिए आप अपनी जीत को सर्वप्रथम सुनिश्चित कीजिए। क्योंकि जो आपको हराना चाहता है उसका स्तर बेसक आपके समान होगा। परन्तु आपका सकारात्मक विचार हमेशा आपको जीत दिलाएगा। आपकी सोच होनी चाहिए उसका कोई भी नुकसान ना करने की, मगर खुद का नुकसान होने लगे तो बेसक बता दीजिए

कि बादशाह कौन है। मेरे लिए सच्चा बादशाह वही है जो खुद का फायदा तो देखे ही मगर उस फायदे के लिए किसी का नुकसान न करें। बादशाह वही जिसके सामने लोग thankful हों कि उन्होंने उसे सर उठाकर जीना सिखाया। फिर देखिए... जिसे आपने सर उठाकर जीना सिखाया वो भले ही दुनिया के सामने खुद को बादशाह समझेगा, मगर उसके मन के बादशाह तो आप ही रहेंगें। फिर सोचिए आप वैसे बादशाह होंगे, जिसके सामने दूसरे बादशाह दिल से सिर झुकाना पसंद करेंगे। मुझे लगता है लोग तीन प्रकार से शासन करते हैं:-

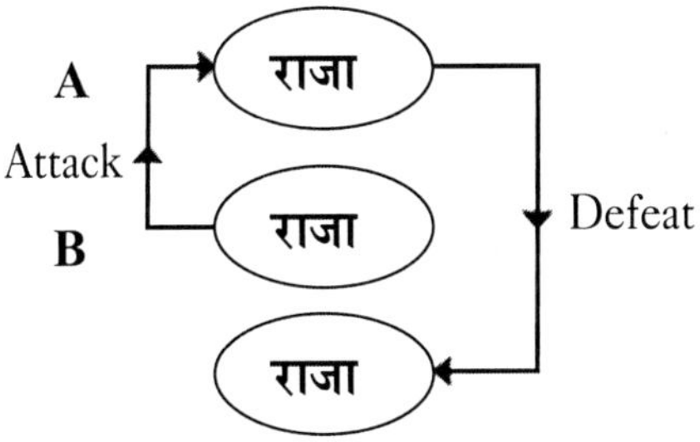

1.

1. अगर कोई ऐसा करता है तो सोचिए। आपने उसे तो हरा दिया मगर क्या आप जीते आपका level तो अभी भी वही रहा। मतलब आप जीत कर भी हार गये।

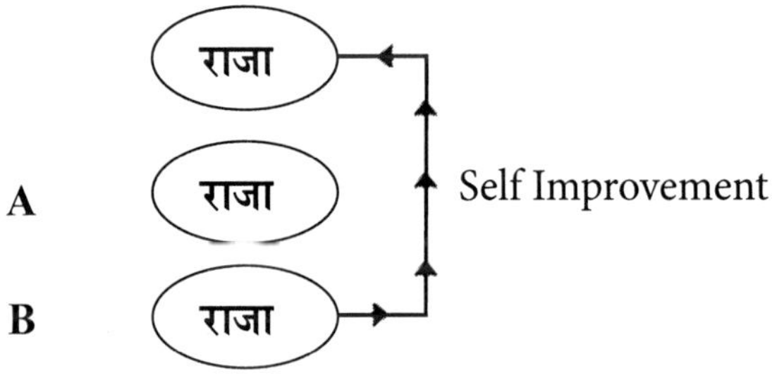

2.

2. इस परिस्थिति में आप वास्तव में जीते ना। क्योंकि इस परिस्थिति में आपने दूसरे राजा को हराया है, मगर खुद को ऊपर उठाकर। इस समय आपका सामर्थ्य अन्य राजाओं से श्रेष्ठ है।

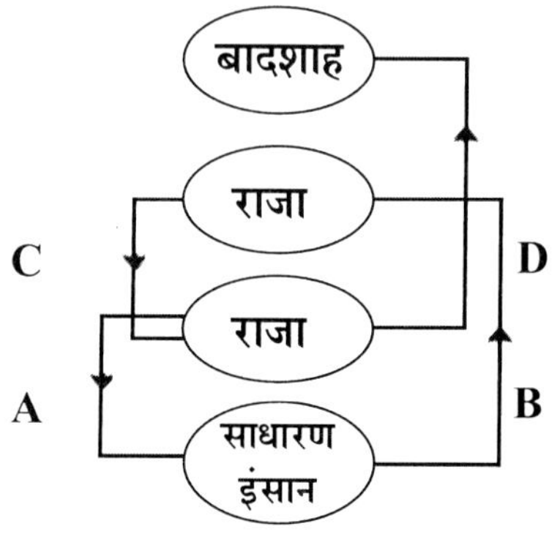

3.

3. यहां के राजा बहुत बलवान हैं, इन्हें पता है वास्तव में शासन कैसे करते हैं ये खुद को तो ऊपर उठाना चाहते ही हैं। मगर simple से तरीके का use करके। अगर आप स्वयं को राजा बताएँगे तो लोगें पर उतना प्रभाव नहीं पड़ेगा, मगर वहीं अगर 60 लोग आपको दिल से राजा मानेंगें तब इसका प्रभाव स्पष्ट देखने को मिलेगा। किन्तु इस प्रकार का विचार सरल नहीं है। इसमें आपको लोंगो के behavior के बारे में गहन अध्यन होना चाहिए। केवल तभी आप सकारात्मकता का प्रचार-प्रसार इस तरह से कर सकते हैं। नहीं तो अगर वो साधारण व्यक्ति नकारात्मक विचारों वाला हुआ तो। इस पद्धिती का प्रभाव नकारात्मक होगा। उपर्युक्त राजा और बादशाह किसी क्षेत्र या राज्य के शासक नहीं बल्कि हमारे जीवन में प्रत्येक क्षण चल रहे युद्ध के योद्धा हैं। यह युद्ध हमारे मन के भीतर का भी हो सकता है तथा बाह्य भी। कोई व्यक्ति जो अन्य व्यक्ति पर प्रभावी होना चाहता है, वह विचार से राजा ही हुआ ना। तो बस विचार ही किसी व्यक्ति को राजा या रंक बनाते हैं। जिंदगी की दौड़ में हार-जीत लगी रहती है और जीतता सदैव वही है जो प्रभावी हो। अर्थात जो मैं-तुम की दौड़ में 'मैं' को समझ लेता है। यहाँ पर सब लोग अपने आप को कुछ इस तरह पहचानते है- तुम -मैं, मैं-तुम, मैं-मैं, मैं कौन ?

तुम और मैं में confuse मत होइए। मैं को पहचानिए। केवल तभी आपका विकास संभव है। इसलिए || Let's Enhance 'मैं'||

"Focus on yourself Now so you're in a better position to effectively focus on others in the long run".

*****